EMMA DE RO

KLÖPPELIDEEN FÜR OSTERN

stv

Umschlaggestaltung: Grafikzone, www.tg-grafikzone.at
Titelbild: Grafikzone, www.tg-grafikzone.at
Bildnachweis: Fotozone, www.tg-fotozone.at mit Ausnahme von S. 85: HG-Foto © MMag. DDr. Martin Schmiedbauer

Bibliographische Information der Deutschen Nationalbibliothek
Die Deutsche Nationalbibliothek verzeichnet diese Publikation in der Deutschen Nationalbibliographie; detaillierte bibliographische Daten sind im Internet über http://dnb.d-nb.de abrufbar.

Hinweis:
Dieses Buch wurde auf chlorfrei gebleichtem Papier gedruckt. Die zum Schutz vor Verschmutzung verwendete Einschweißfolie ist aus Polyethylen chlor- und schwefelfrei hergestellt. Diese umweltfreundliche Folie verhält sich grundwasserneutral, ist voll recyclingfähig und verbrennt in Müllverbrennungsanlagen völlig ungiftig.

Auf Wunsch senden wir Ihnen gerne kostenlos unser Verlagsverzeichnis zu:
Leopold Stocker Verlag GmbH
Hofgasse 5 / Postfach 438
A-8011 Graz
Tel.: +43 (0)316/82 16 36
Fax: +43 (0)316/83 56 12
E-Mail: stocker-verlag@stocker-verlag.com
www.stocker-verlag.com

ISBN 978-3-7020-1924-2

Layout: Grafikzone, www.tg-grafikzone.at

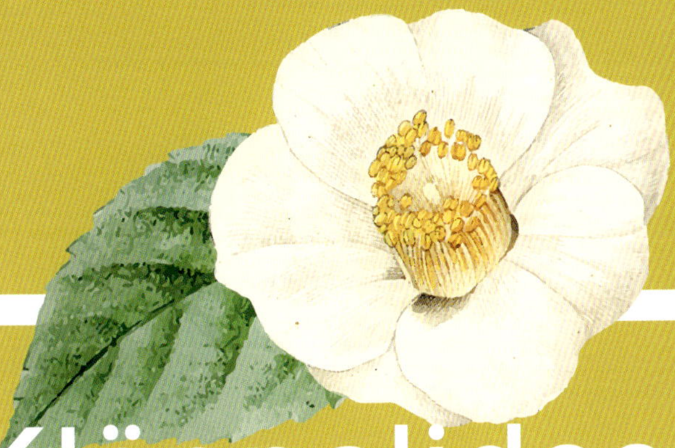

Klöppelideen für Ostern

Was immer du tun kannst
oder träumst zu können, fang damit an!
Mut hat Genie, Kraft und Zauber in sich!

Johann Wolfgang von Goethe

Leopold Stocker Verlag
Graz – Stuttgart

INHALT

INHALT

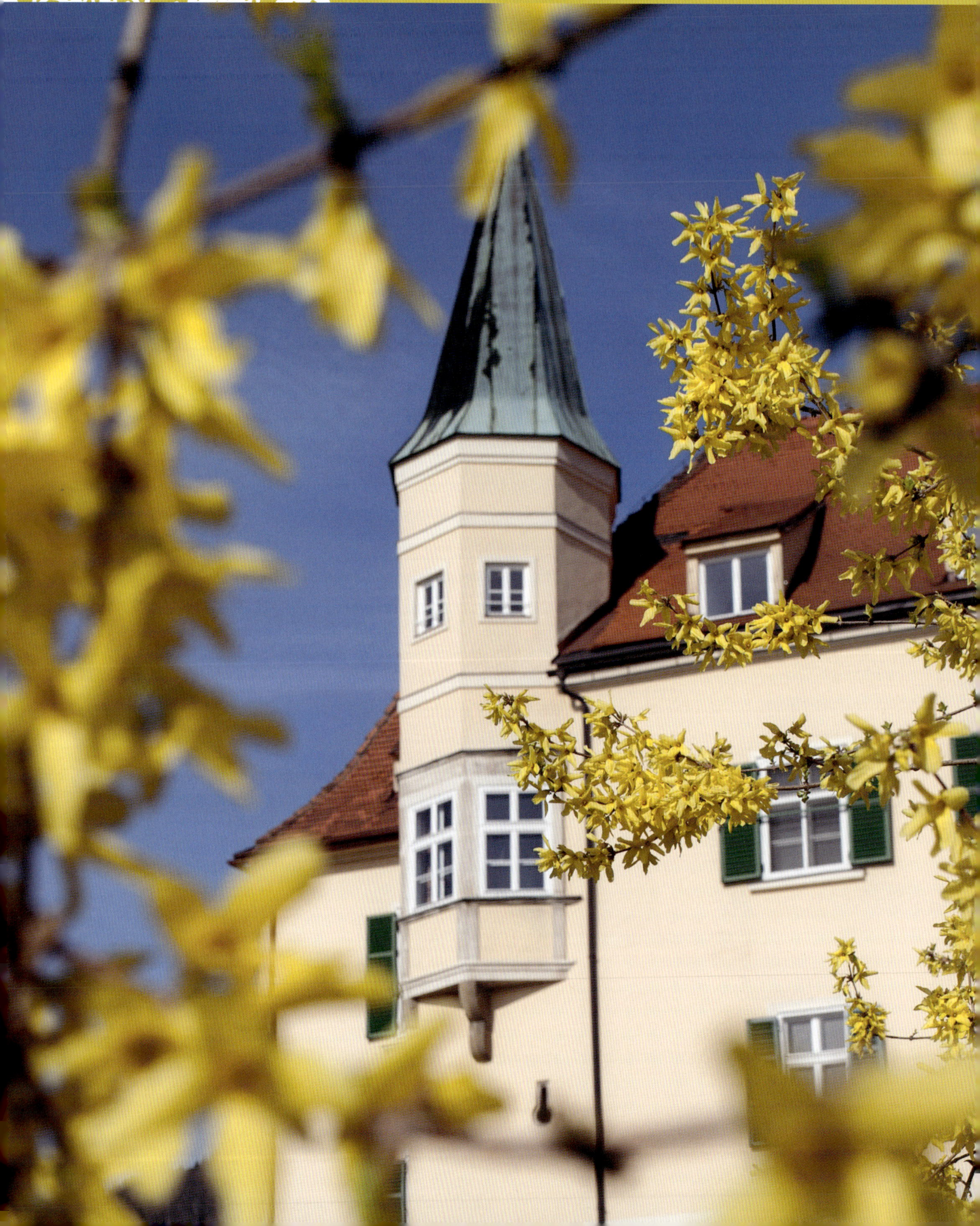

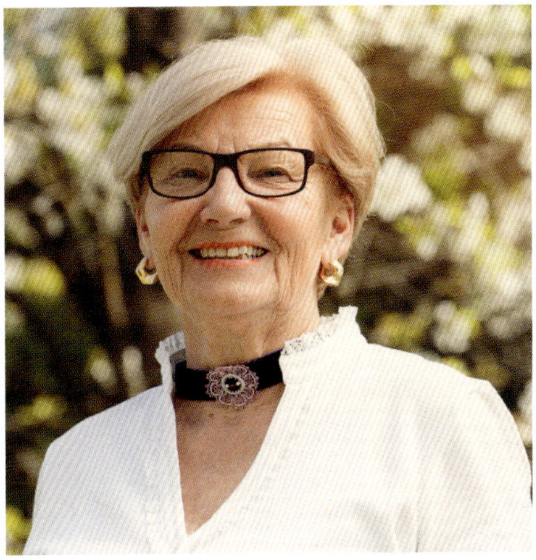

Es erfüllt mich immer wieder mit Staunen, welche feinen, zarten Kunstwerke auf dem Gebiet der Textilkunst im Laufe der Jahrhunderte entstanden sind. Ja, Europa, der Kontinent mit der großen Vielfalt an Künsten! Die Werkzeuge Faden, Nadel, Klöppel und viele weitere wecken in uns die Neugier und die Kreativität, um unsere Ideen zu realisieren.
In meiner 38-jährigen Kurstätigkeit im Bildungshaus Schloss Sankt Martin in Graz konnte ich bereits über 40 spezielle Handarbeitstechniken zeigen. Entdeckt habe ich sie in den verschiedensten Ländern – von Portugal bis Russland, von England bis Griechenland –, um nur einige zu nennen.
Eine meiner Lieblingstechniken ist das Klöppeln. Durch die technische Vielfalt der Klöppelkunst wird der Tatendrang in uns geweckt. Aus dieser Freude heraus entstanden im Laufe der Jahre immer neue Frühlings- und Ostermotive.
Sie finden in diesem Buch leichte sowie schwere Klöppelbriefe zum Nacharbeiten. Es verhilft uns ein bisschen, den Alltag hinter uns zu lassen, Ruhe zu finden und Stress abzubauen. Viele meiner Kursdamen und -herren bestätigen es mir immer wieder: Handarbeit ist Lebenselixier.
Meinen besonderen Dank möchte ich meinem Gatten, Herrn Dipl.-Ing. Paul De Ro, aussprechen, für sein Verständnis und seine konstante Unterstützung sowie Gabriele Mayer und Veronika Leitner, die mir einige ihrer ausgearbeiteten Werkstücke für das Buch zu Verfügung gestellt haben.

Viele fröhliche Klöppelstunden wünscht

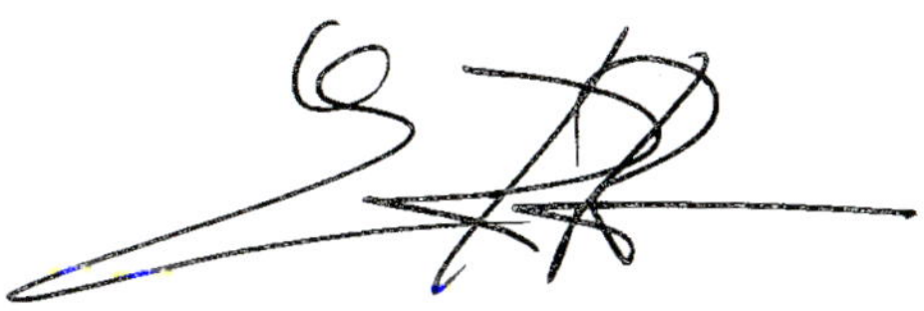

Emma de Ro

ABKÜRZUNGEN, FARBEN, SYMBOLE

BW	Baumwolle	*cotton*	*coton*	*cotone*
KP	Klöppelpaar	*pair of bobbins*	*paire de fuseaux*	*coppia di fuselli*
N	Nadel	*needle*	*aiguille*	*ago*
A	Anfang	*beginning*	*début*	*inizio*
kr	kreuzen	*cross*	*croiser*	*incrociare*
dr	drehen	*twist*	*tordre*	*girare*
+1	1 Paar dazunehmen	*add 1 pair*	*1 paire en plus*	*1 paio di più*
-1	1 Paar hinauslegen	*remove 1 pair*	*1 paire en moins*	*1 paio in meno*
X	Halbschlag (kr dr)	*half stitch*	*demi-passée*	*mezza passata*
X	Leinenschlag (kr dr kr)	*linen stitch*	*point de toile*	*passata, punta tela*
X	Ganzschlag (kr dr kr dr)	*cloth stitch and twist*	*passée tordue*	*passata intera*
•	Nadelpunkt	*pin*	*épingle*	*spillo*
○	Öse	*picot*	*picot*	*pippiolino*
|	Konturfaden	*outine thread*	*bourdon, fil contour*	*filo di contorno*
|	Flechter	*plait, braid, bar*	*tresse, natte*	*treccia*
	Flechter mit Ösen	*plait with picots*	*tresse avec picot*	*treccia con pippiolino*
	Falscher Flechter	*false plait*	*fausse tresse*	*treccia falsa*
	Formschlag Blättchen	*leaves*	*point d'esprit*	*fogli soffiagio*
	Formschlag Karo	*check*	*forme carrée*	*soffiagio piazza*
	Außennadel	*outside needle*	*épingle extérieure*	*spillo essteriore*
	Innennadel	*inside needle*	*épingle intérieure*	*spillo interiore*
	Extra Drehung	*1 extra twist*	*1 torsion en plus*	*1 girata di piu*

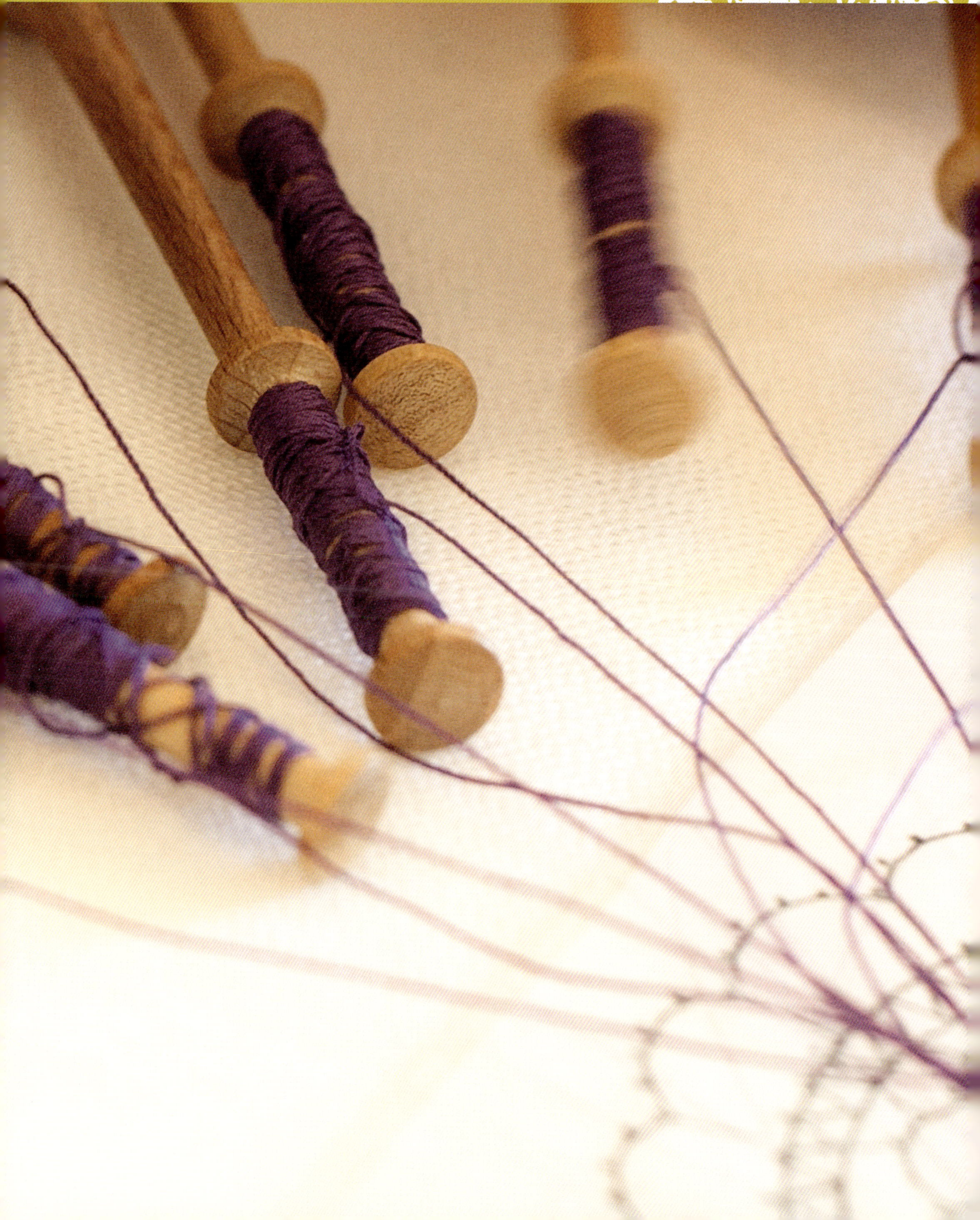

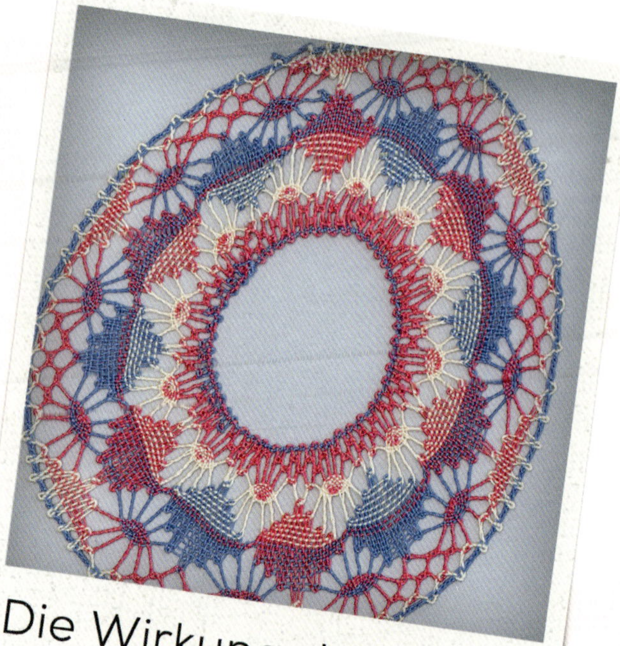

Die Wirkung der Farbe

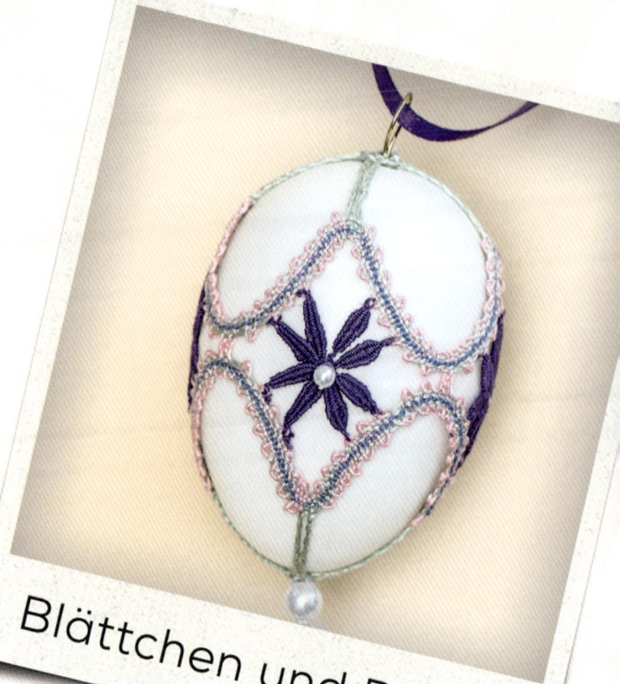

Blättchen und Perlen

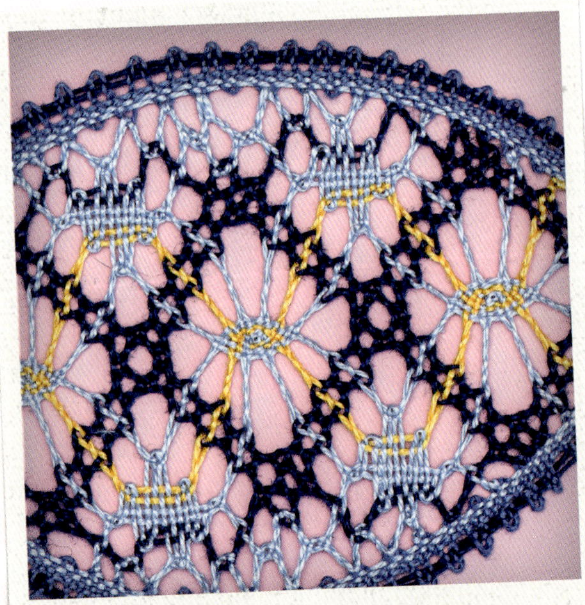

Schräger Ziergrund

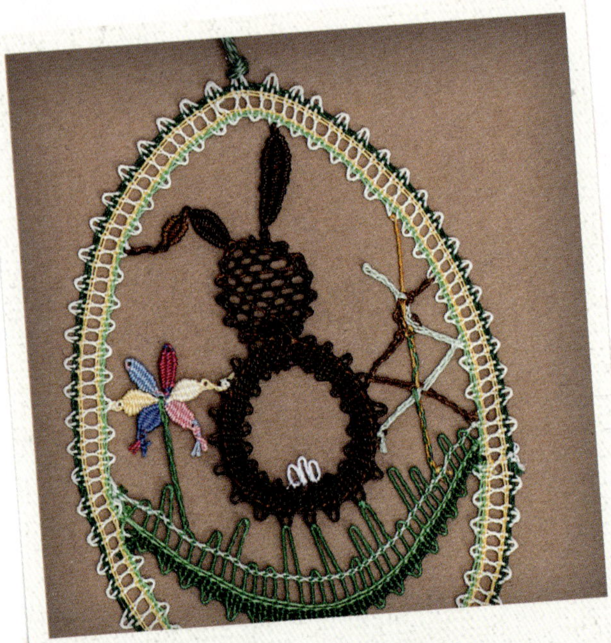

Hase in der Wiese

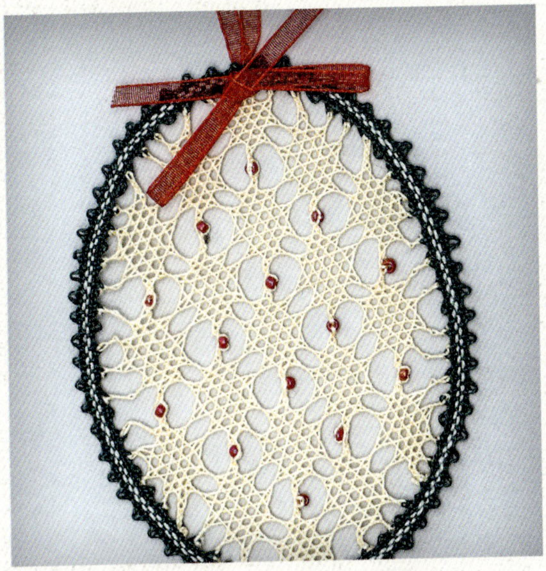

Steckborn-Ei

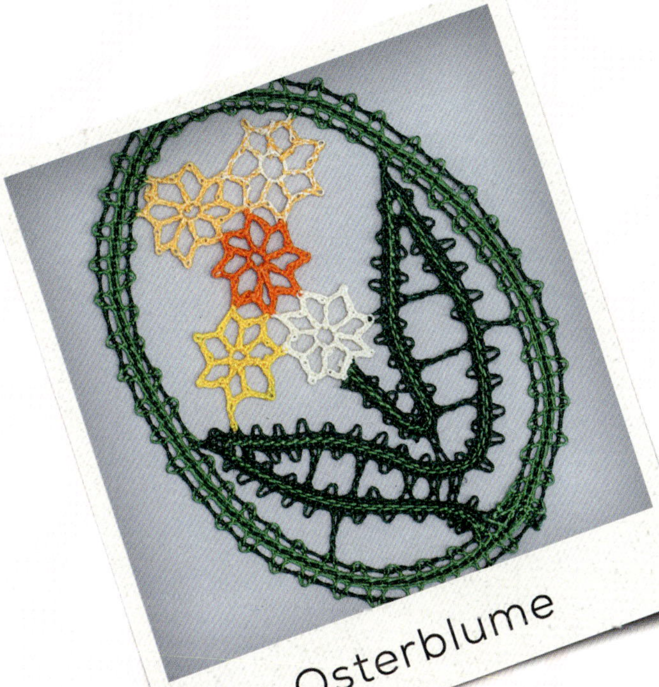

Osterblume

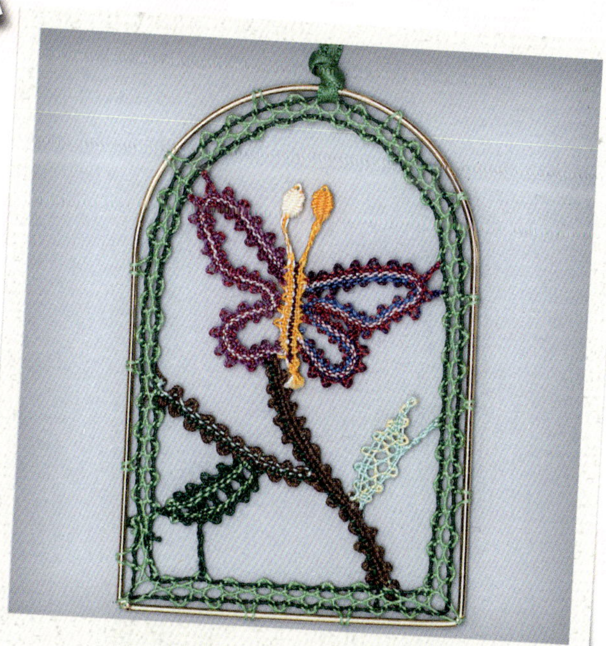

Schmetterling

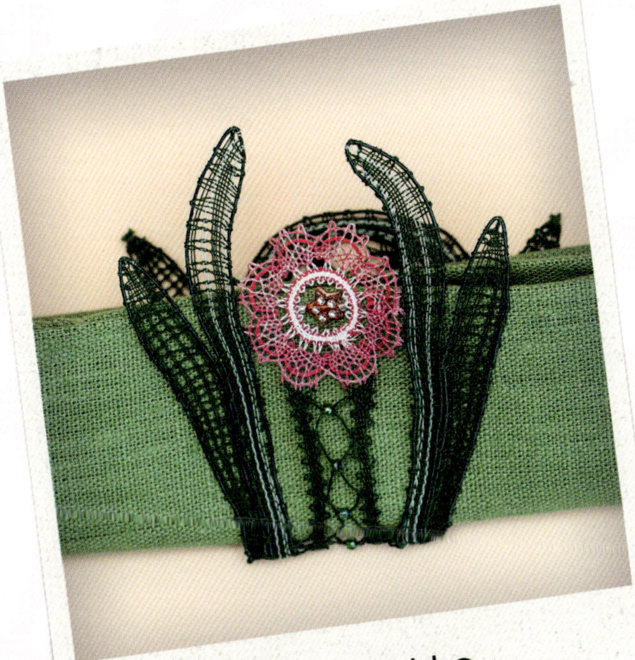

Serviette

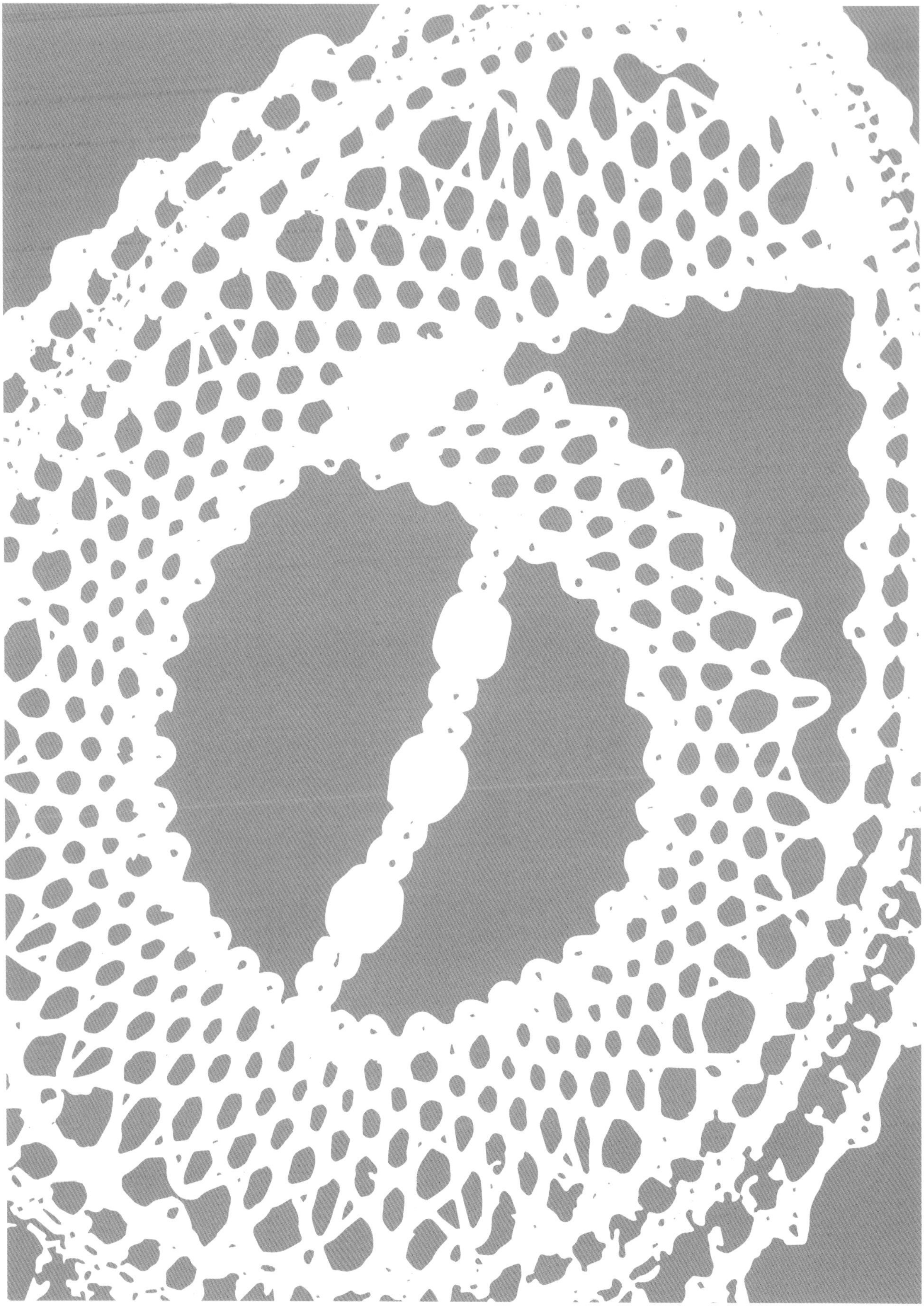

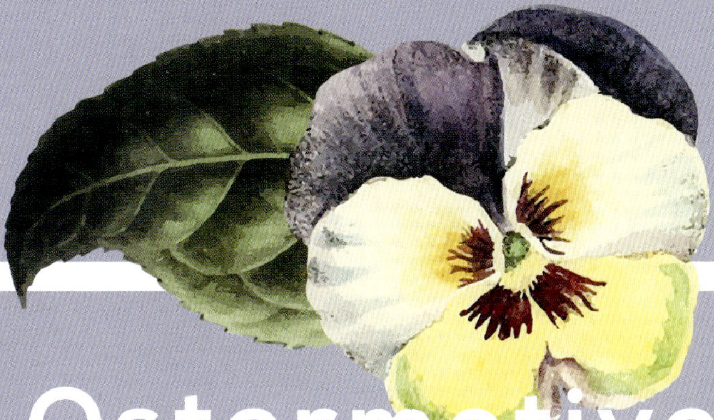

Ostermotive für Anfänger und Fortgeschrittene

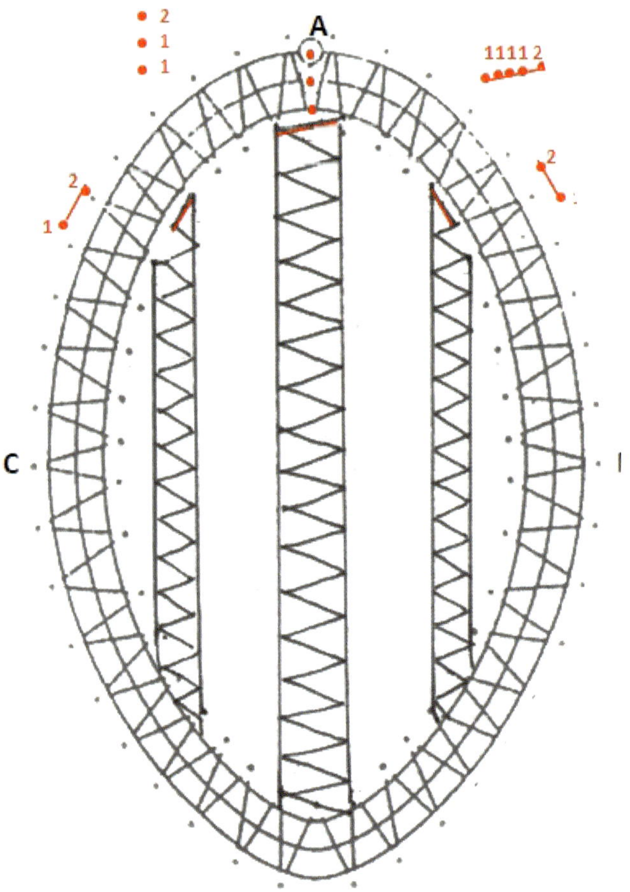

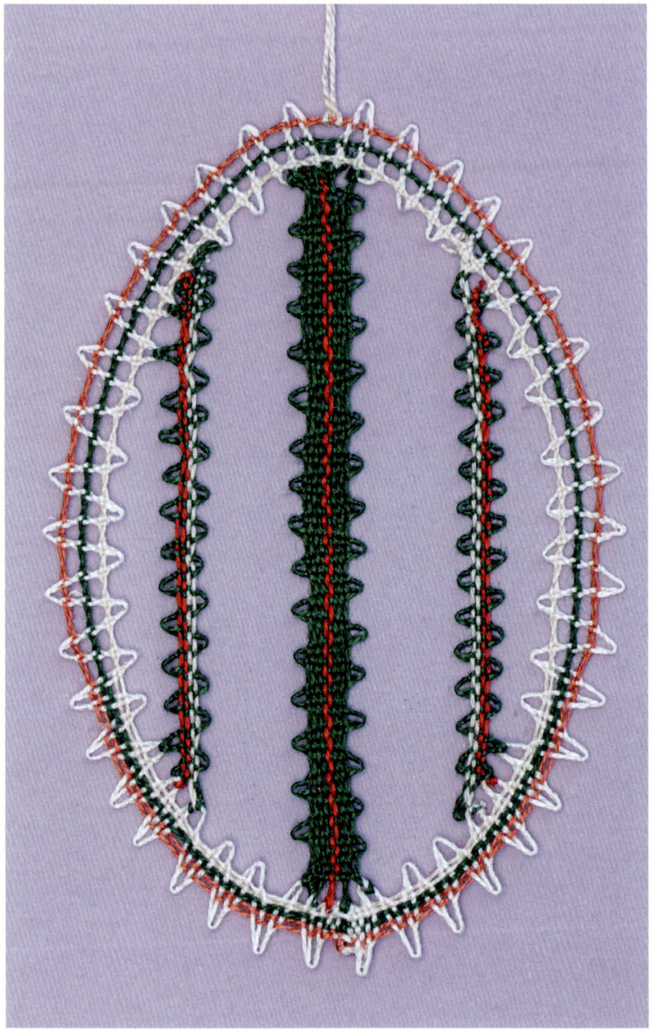

EI MIT SPALTEN

Material: Perlgarn Nr. 8; Farbe nach Wahl
16 Klöppelpaare; Häkelnadel 0,75–1,0 für den Abschluss

Ausführung: Außenrand: 4 Klöppelpaare Leinen- und Ganzschlag
Bei **A** beginnen und im Leinenschlag bis **B** arbeiten.
Mit Ganzschlag (kr dr kr dr) bis **C** klöppeln und ab **C** wieder im Leinenschlag arbeiten.

Mittleres Band: 6 Klöppelpaare

Bänder rechts und links: je 3 Klöppelpaare
Alle 3 Bänder werden im Leinenschlag geklöppelt.

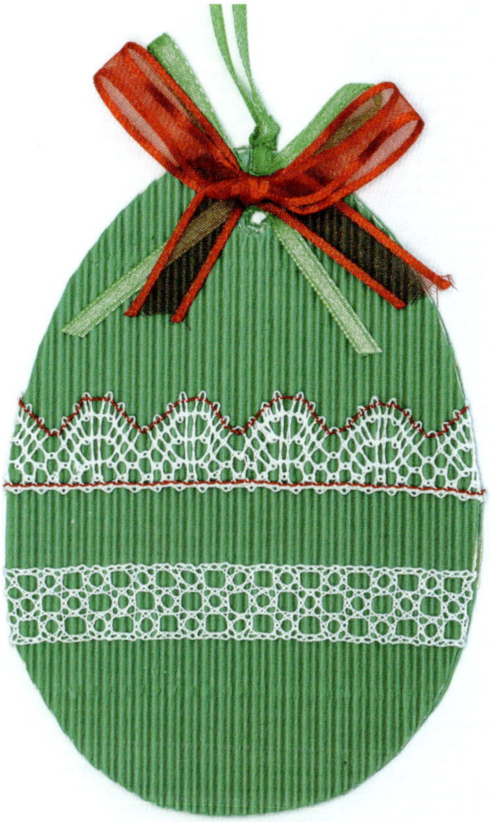

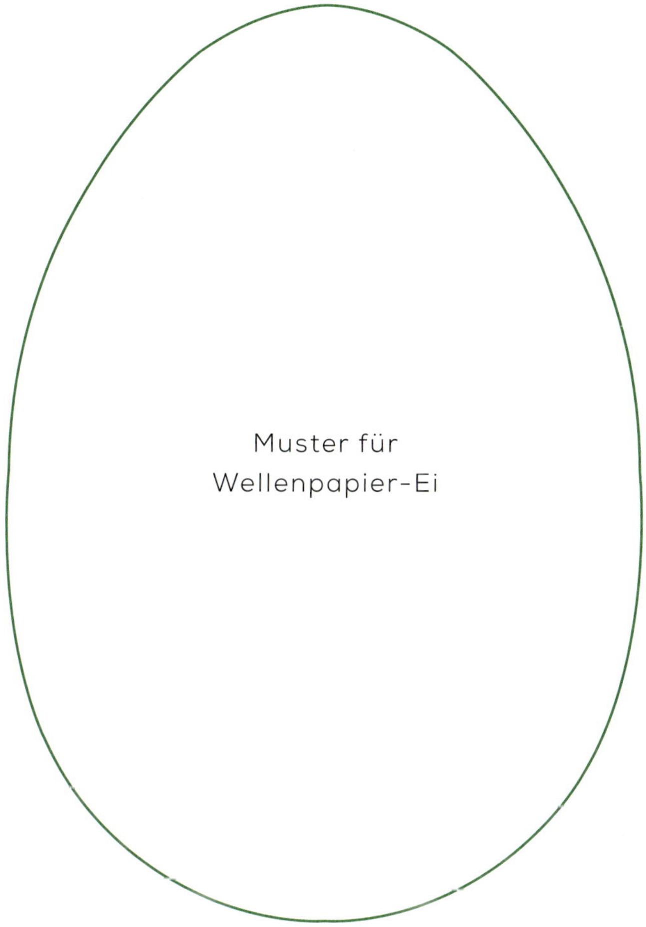

2 2 2 2 2 2 2

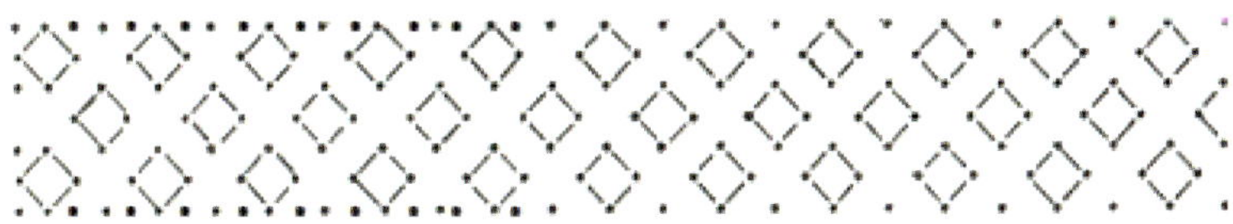

112 2 2 2

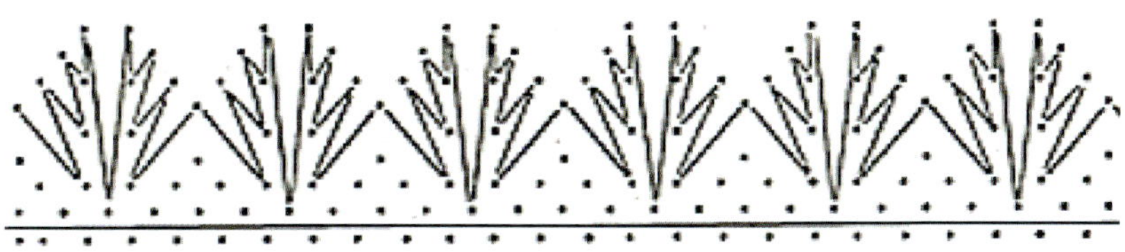

GROSSES EI MIT MASCHE

Material: Baumwolle 60;
Wellenpapier; Bänder für Aufhänger und Masche; Klebstoff

Ausführung: Für Muster 1, 8 Klöppelpaare Jungferngrund (siehe Anhang, S.88)
Für Muster 2, 8 Klöppelpaare Ganzschlagbogen

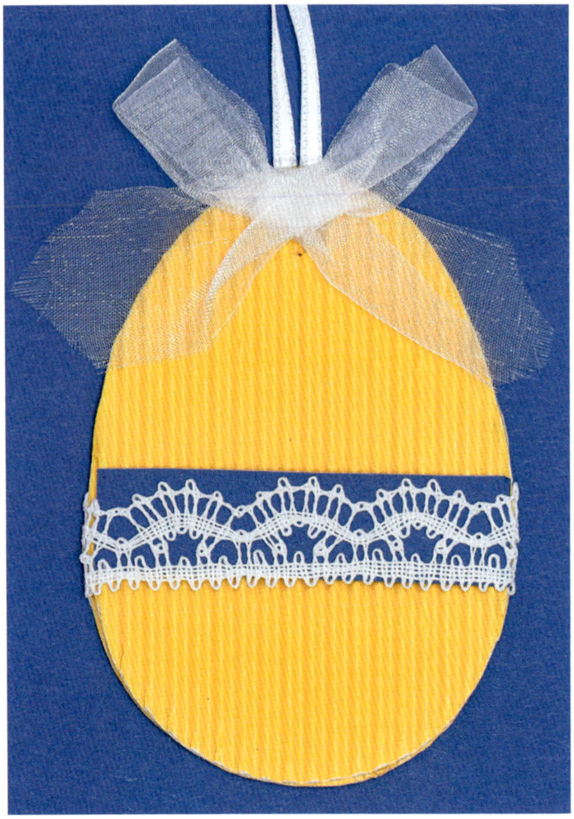

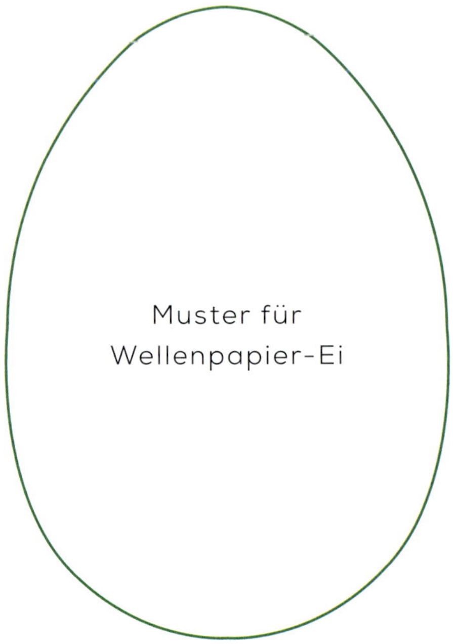

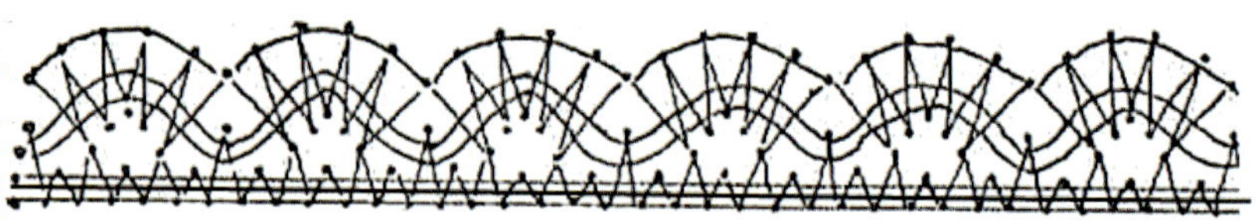

EI MIT MASCHE

Material: Baumwolle 60
Wellenpapier; Bänder für Aufhänger und Masche; Klebstoff

Ausführung: Band: 2 Klöppelpaare, Leinenschlag

Bogen: 4 Klöppelpaare, Leinenbändchen mit Übergang (2 x drehen) zum Ganzschlag

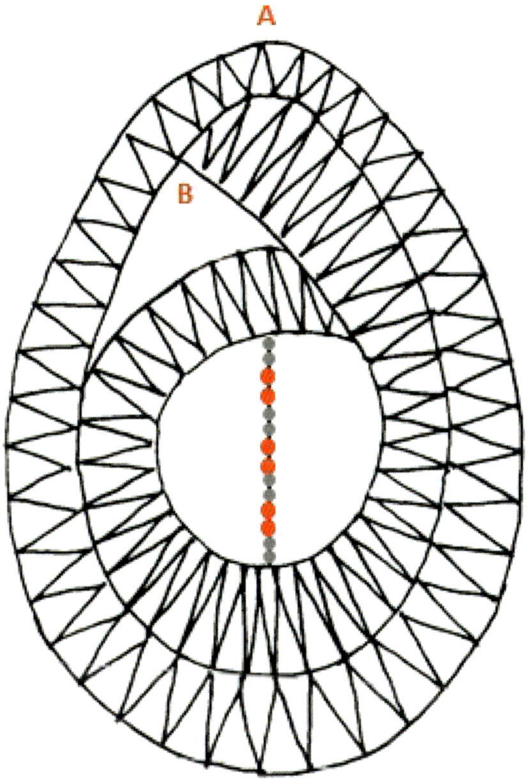

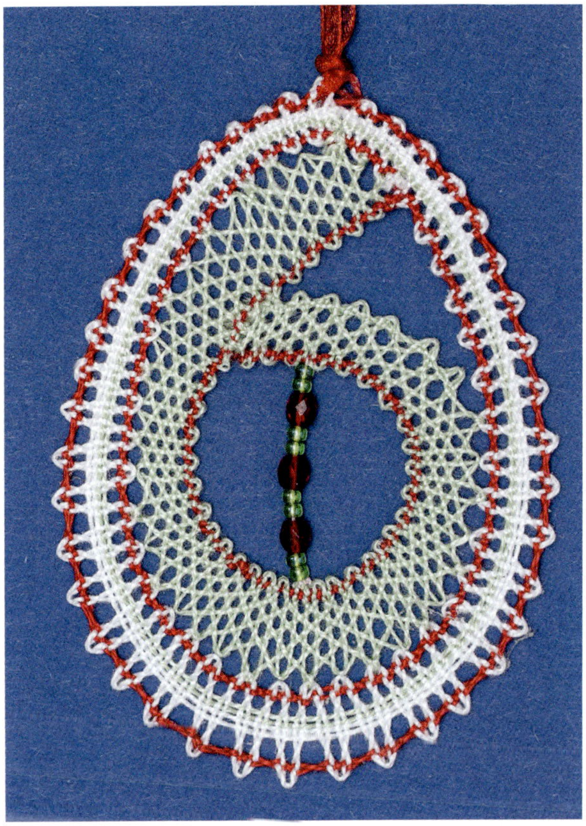

OSTEREI FÜR ANFÄNGER

Material: Perlgarn Nr. 8; Farbe nach Wahl, Perlen

Ausführung:

Außenring: 5 Paare, bei **A** beginnen mit Ganzschlag, dann 3 x Leinenschlag und wieder Ganzschlag

Innen: 5 Paare, bei **B** beginnen. Mit 2 Klöppelpaaren im Ganzschlag beginnen und noch 1 Klöppelpaar in der 1. Reihe im Halbschlag aufnehmen. In der 2. Reihe nochmals 2 Klöppelpaare im Halbschlag aufnehmen. Bei jeder Reihe wird das Innenband mit den Außenring verbunden.

Mitte: Perlenreihe

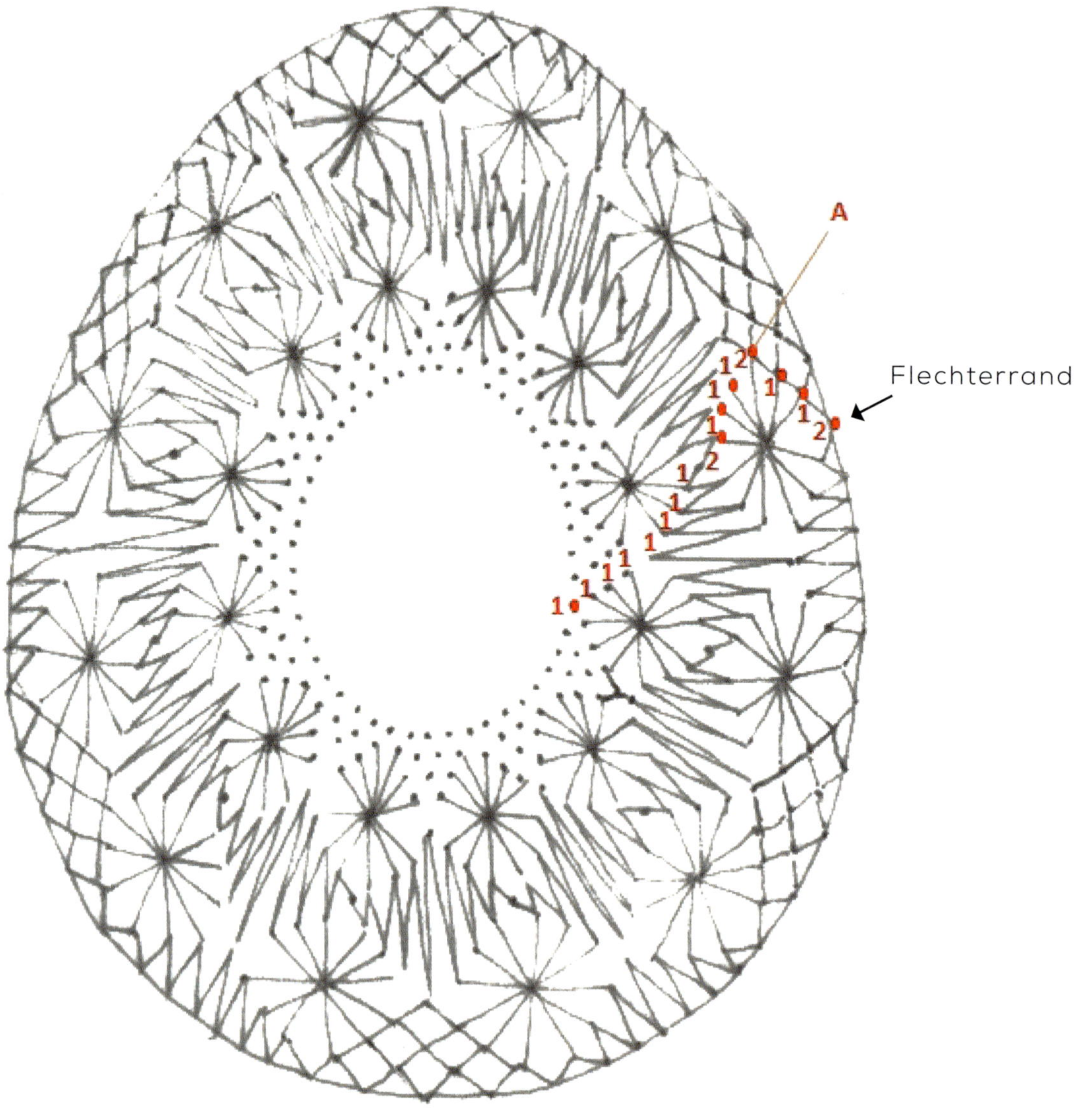

DIE WIRKUNG DER FARBE

Material: 19 Klöppelpaare; Baumwolle 80; Farbe nach Wahl

Ausführung: Spinne, Flechterrand, Leinenquadrat
Brüsslerschlag (Ganzschlag)
Innenrand im Ganzschlag

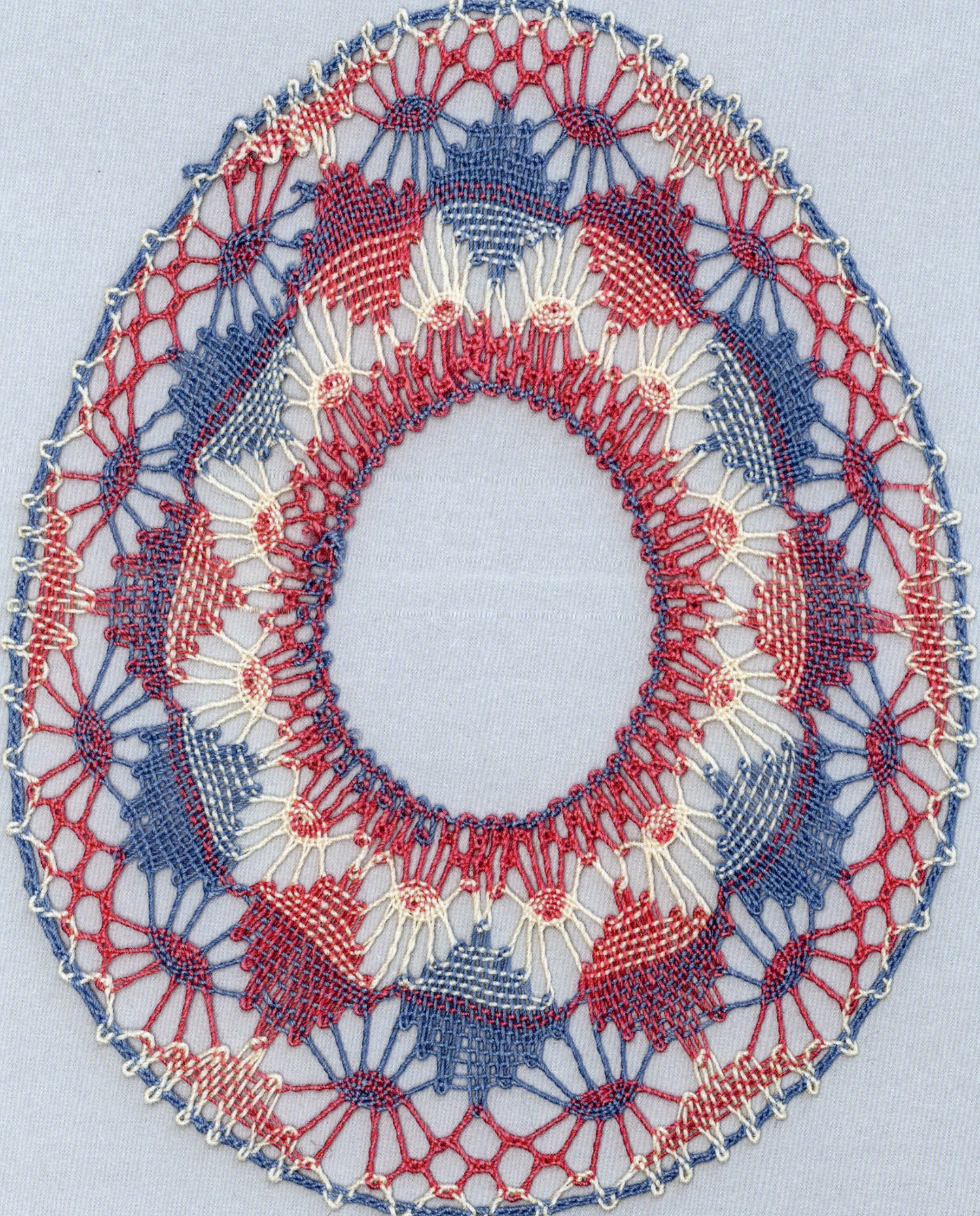

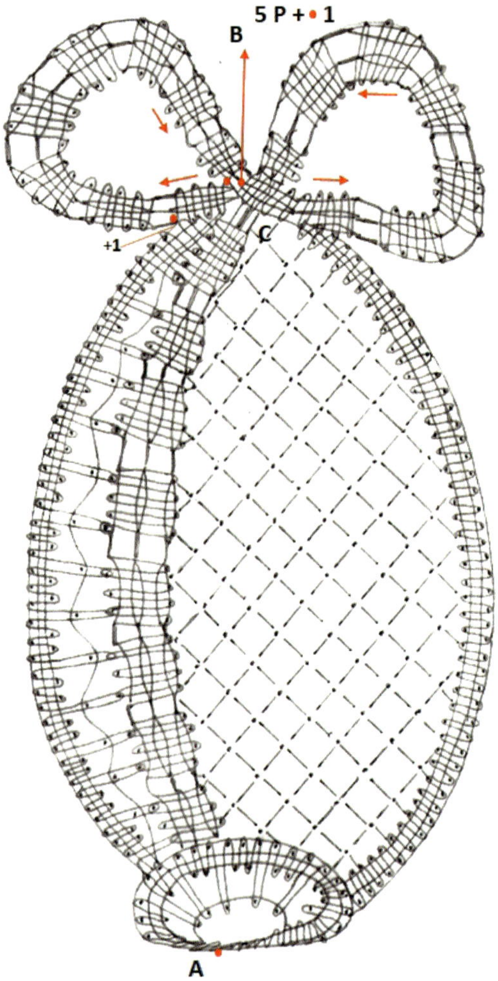

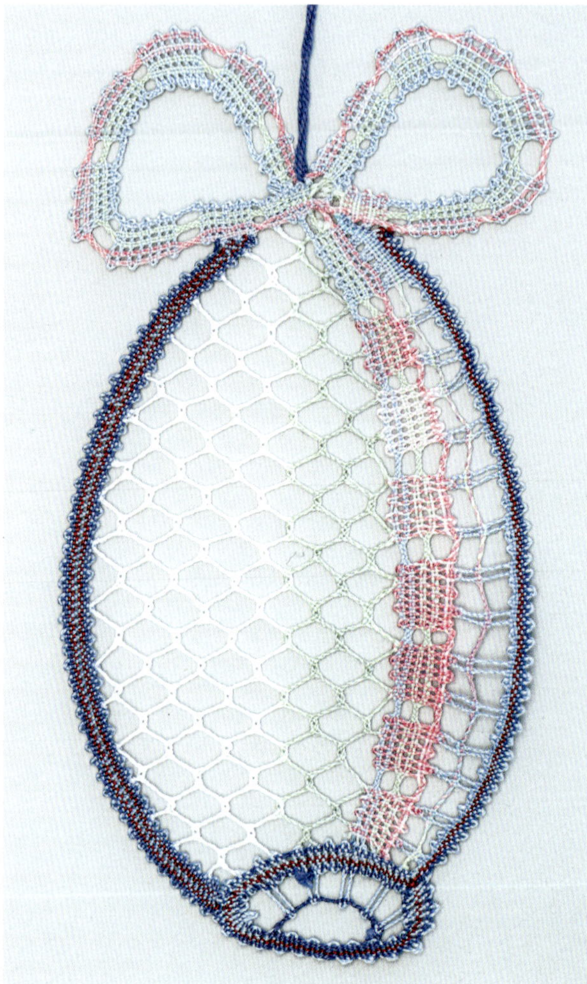

KLEINES OSTEREI

Material: Baumwolle 60

Ausführung:

Boden:	Mit 5 Klöppelpaaren bei **A** beginnen.
Masche:	Mit 5 Klöppelpaaren bei **B** beginnen und beim roten Punkt ein Klöppelpaar dazunehmen und die Masche dem Pfeil nach klöppeln.
Linke Seite:	Weitere 5 Klöppelpaare anstecken und nach Zeichnung arbeiten.
Rechter Rand:	Mit 4 Klöppelpaaren bei **C** anstecken und den Rand im Leinenschlag klöppeln.
Füllung:	Rechts und Links für den Brüssler Schlag aufnehmen.

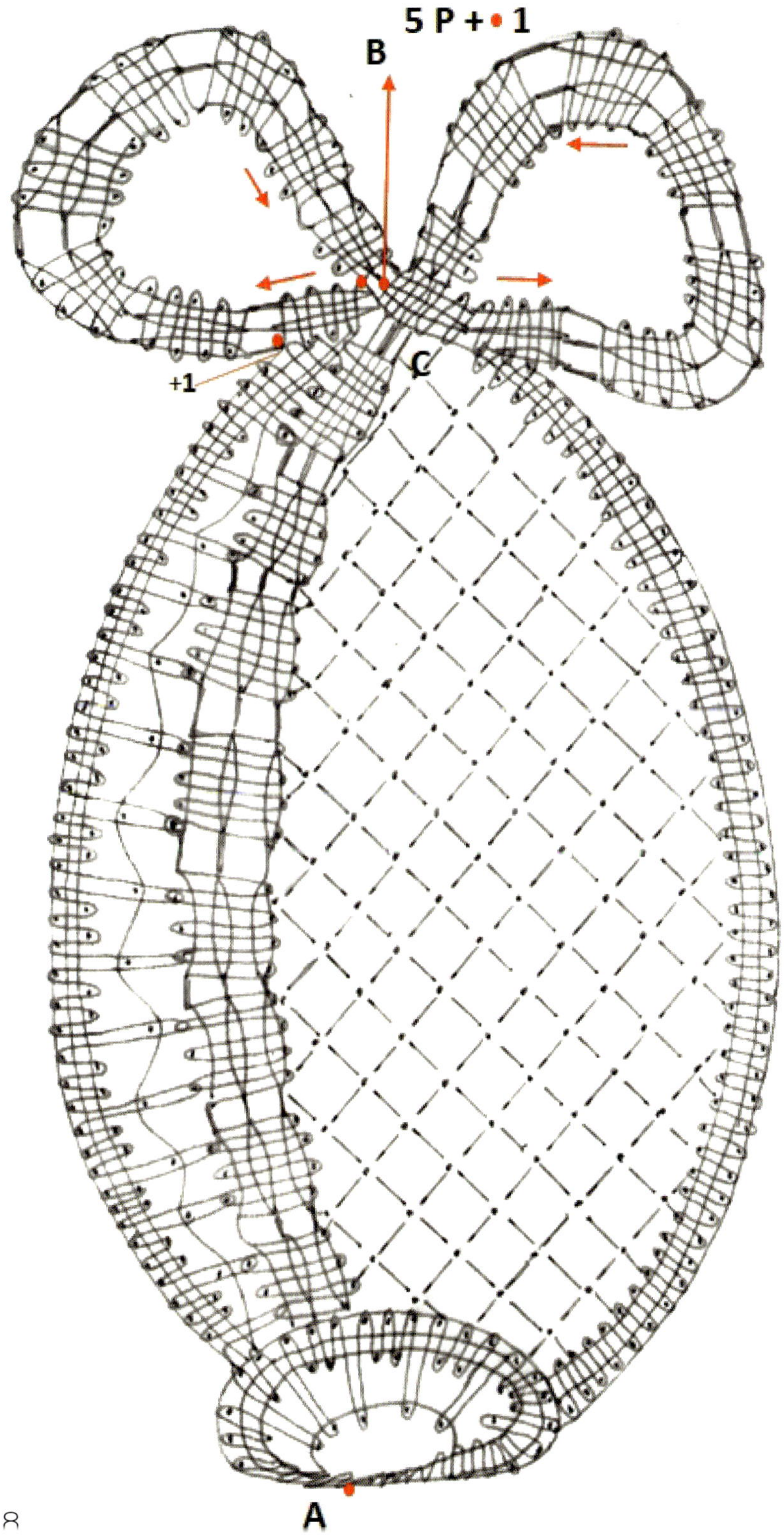

GROSSES OSTEREI

Material: Perlgarn Nr. 8

Ausführung: Siehe kleines Osterei

Ei-Gestaltung mit verschiedenen Gründen

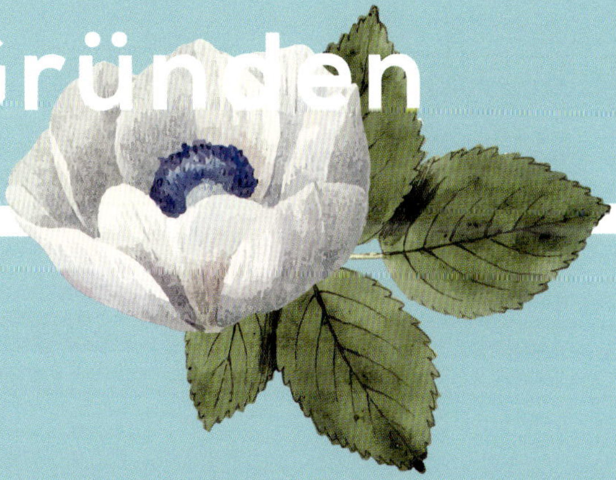

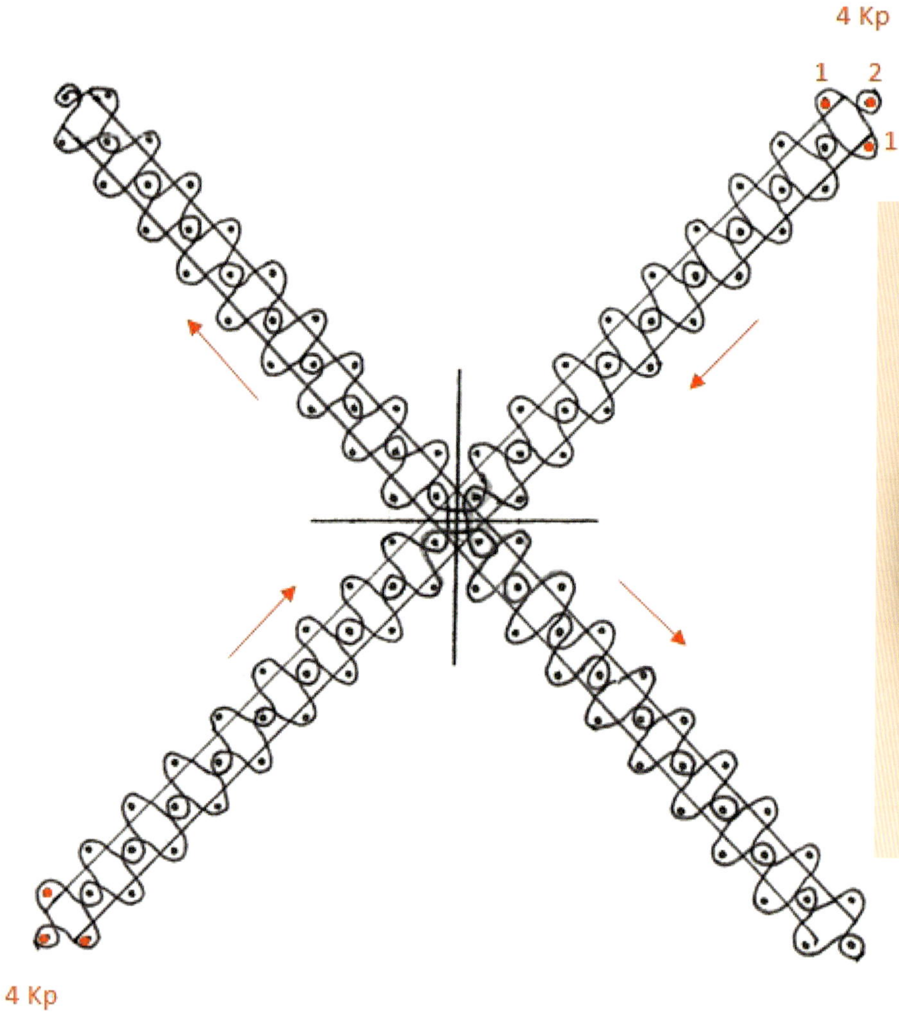

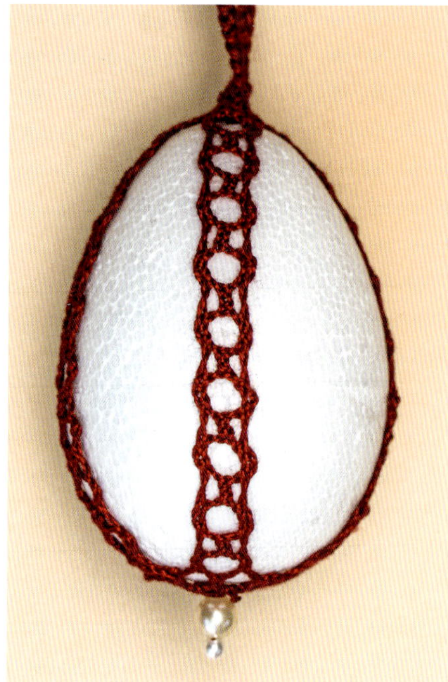

MEIN ERSTES OSTEREI

Material: 8 Klöppelpaare; Perlgarn Nr. 8; Farbe nach Wahl; 1 Ei

Ausführung: Mit Ganzschlag

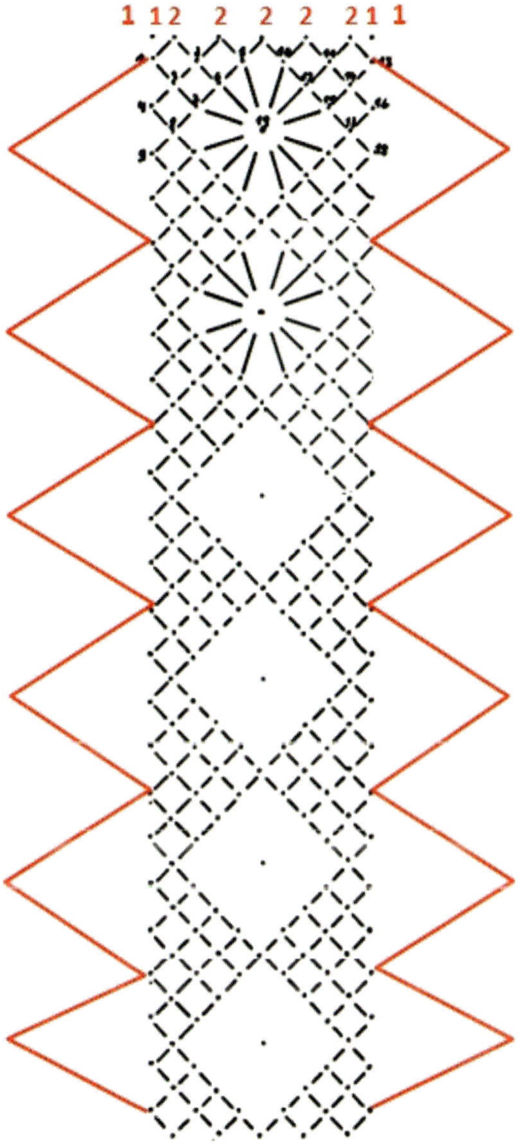

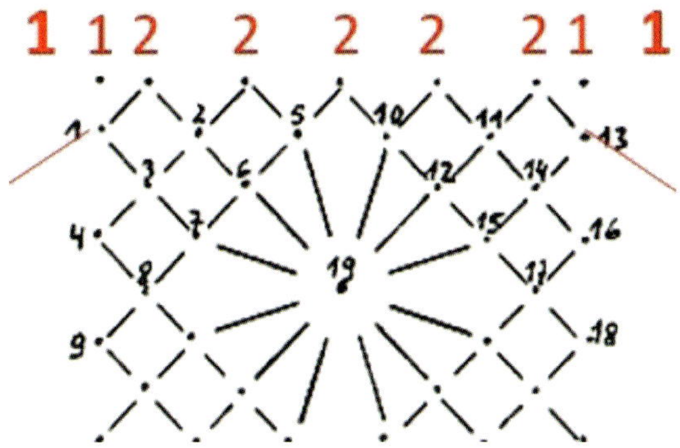

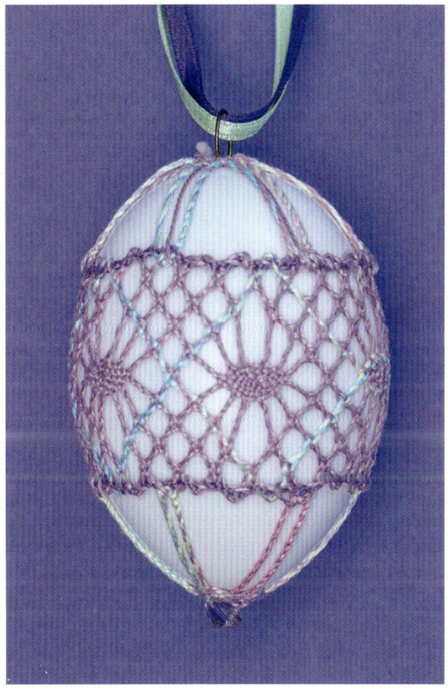

OSTEREI MIT SPINNEN

Material: 14 Klöppelpaare; Perlgarn Nr. 8–12
1 Perle; 1 Aufhänger; 1 Ei
1 Seidenband, 24 cm lang, 3 mm breit

Ausführung: Löchergrund und Spinne

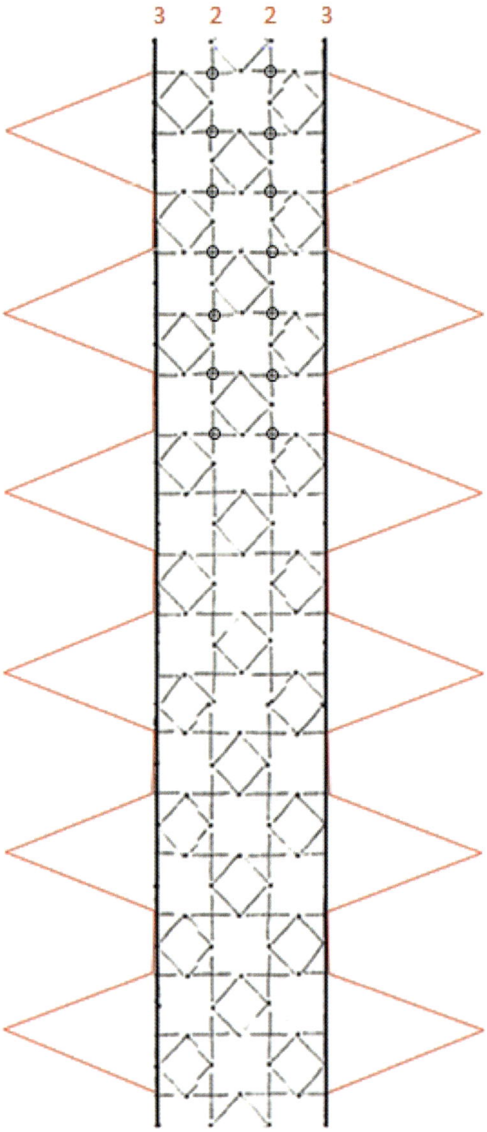

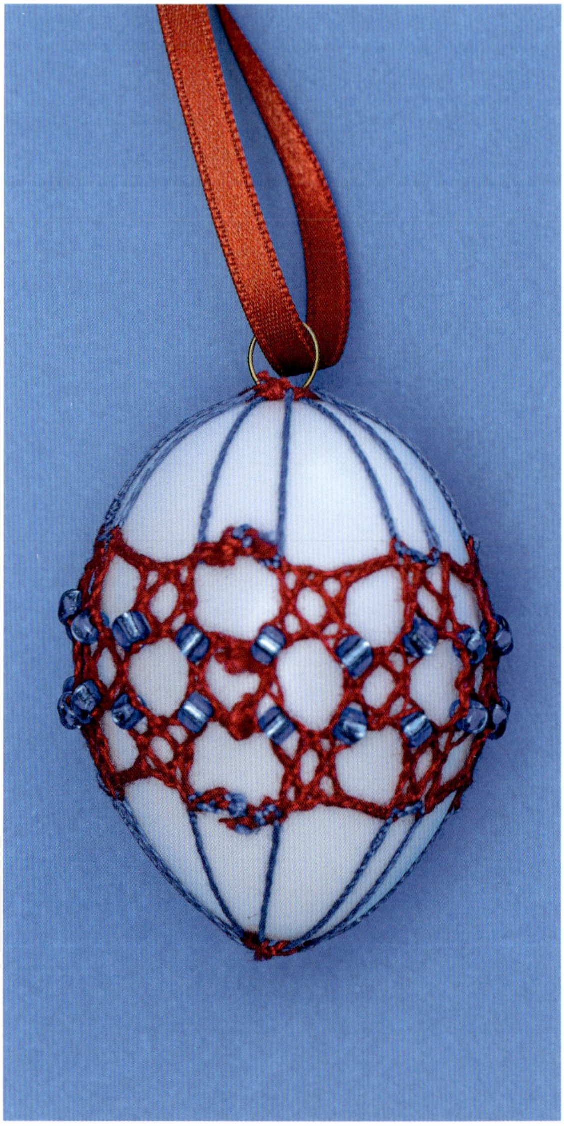

OSTEREI MIT JUNGFERNGRUND

Material: Perlgarn Nr. 8 Farbe nach Wahl; 10 Klöppelpaare
34 Perlen, 2–3 mm Durchmesser; kann auch ohne Perlen geklöppelt werden.
1 Ei; 1 Seidenband mit Aufhänger.

Ausführung: Jungferngrund im Halbschlag (siehe Anhang, S. 88)

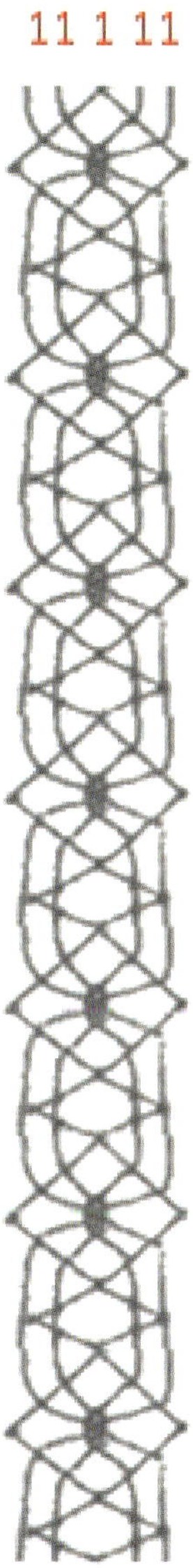

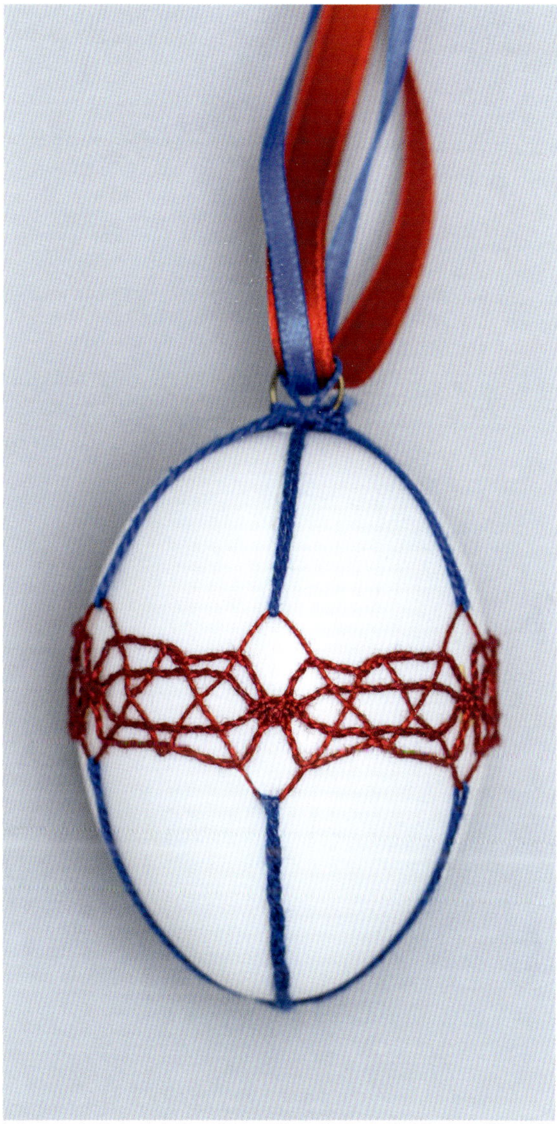

OSTEREI MIT GANZSCHLAG

Material: 5 Klöppelpaare; Baumwolle Nr. 40 rot;
Blaues Perlgarn Nr. 8 zum Spannen
1 Ei mittlere Größe
1 Seidenband und 1 Aufhänger

Ausführung: Ganzschlag ohne Nadelstecken
Paare werden mehrmals gedreht (Hilfsnadel) und Spinne.

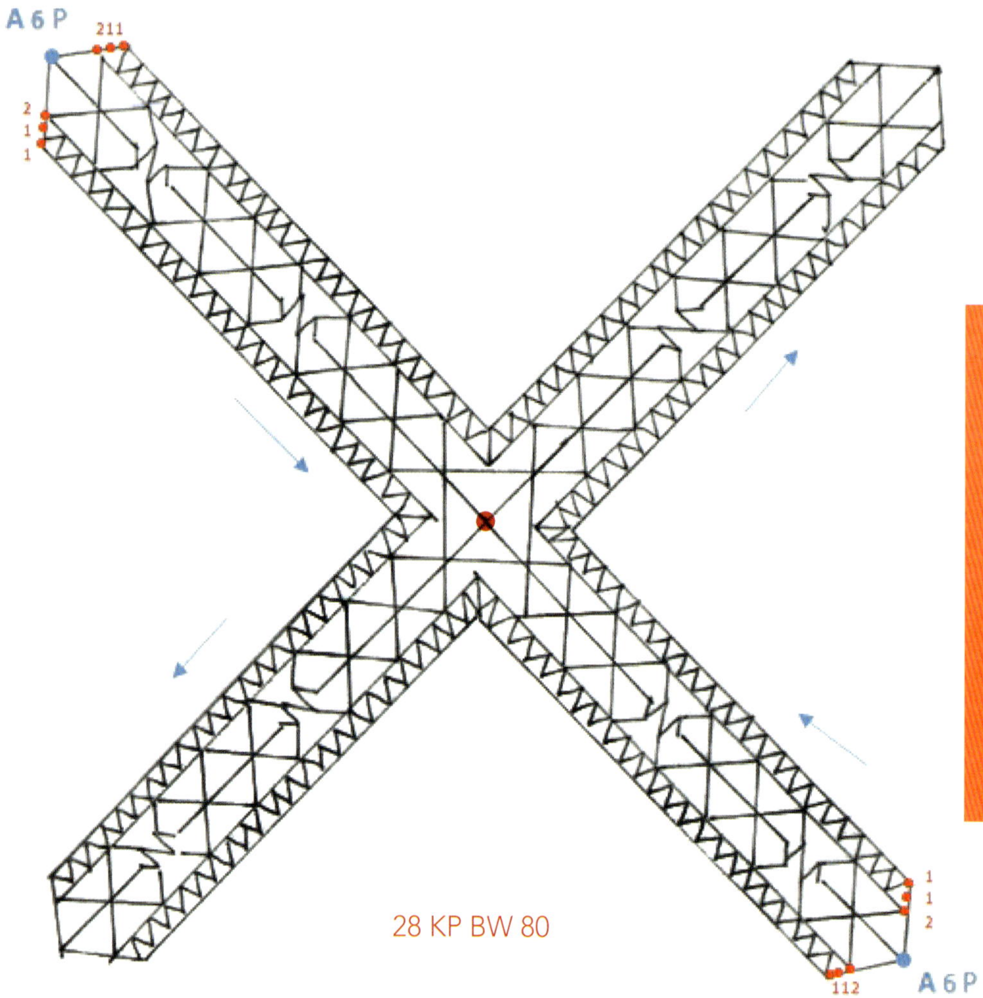

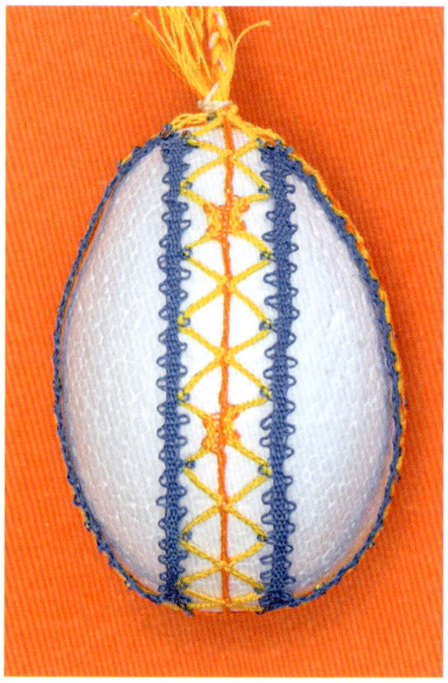

GRAZER OSTEREI

Material: 28 Klöppelpaare; Baumwolle 80; 1 Ei; Farbe nach Wahl

Ausführung:

Mitte: Flechter mit Sechserverbindung, Leinenbändchen mit Dreierverbindung am Rand. Die Viererverbindung wird bei Punkt **rot** geklöppelt.

Rand: Leinenband
Für die verschiedenen Verbindungen (siehe Anhang, S. 87).

EI-GESTALTUNG MIT VERSCHIEDENEN GRÜNDEN

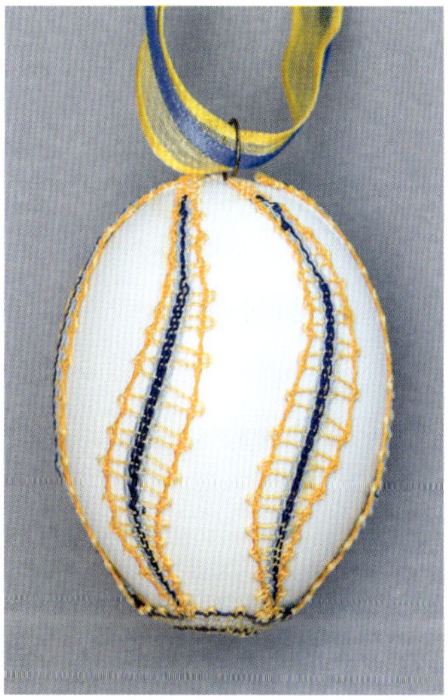

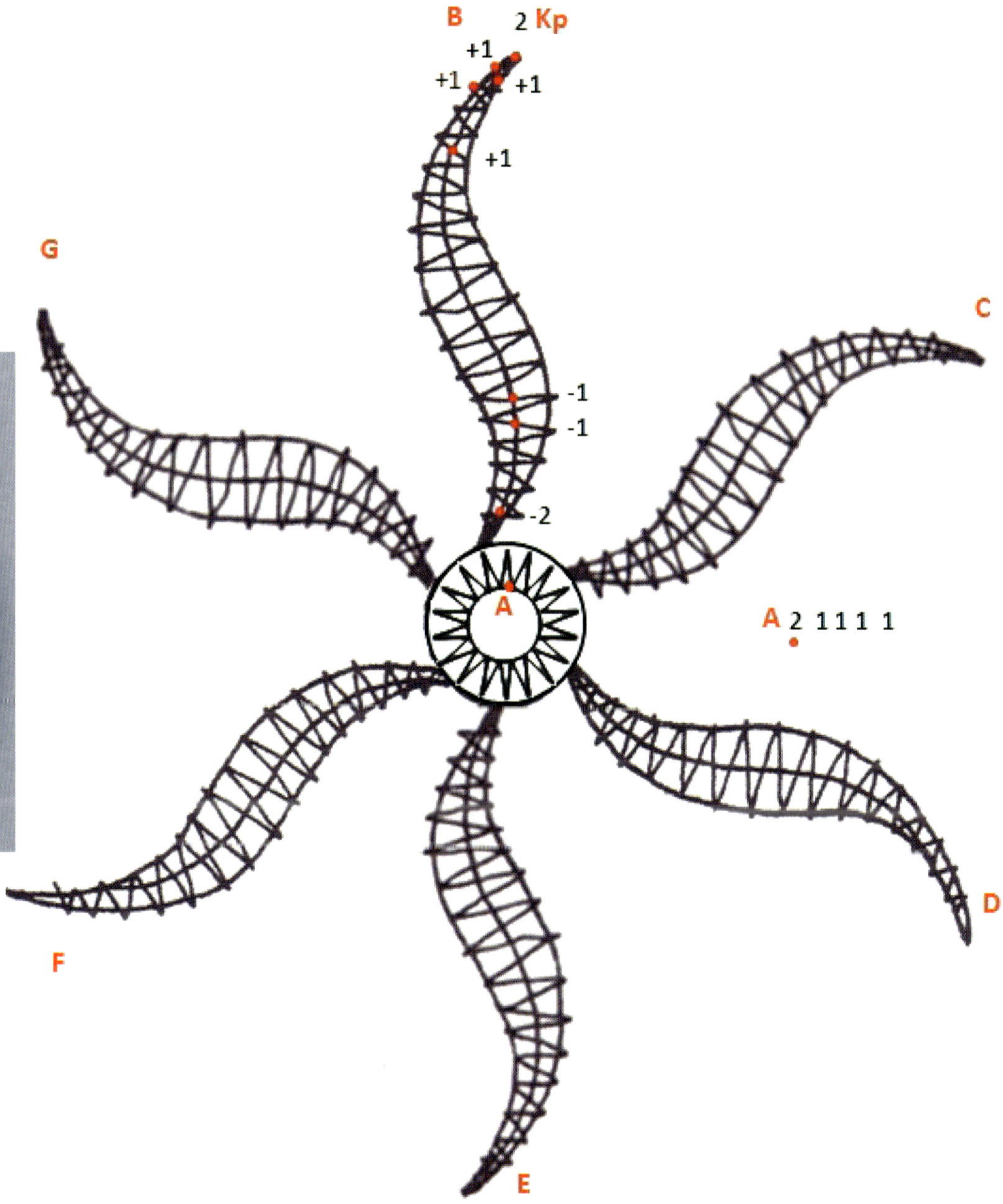

FLAMMEN-EI

Material: Baumwolle 60–80; 12 Klöppelpaare; mittleres Ei, Haken und Seidenband

Ausführung: Bei **A** 6 Klöppelpaare anstecken und in Leinenschlag klöppeln. Bei **B** 2 Klöppelpaare anstecken und weitere 4 Klöppelpaare aufnehmen. Den Anfang im Leinenschlag klöppeln, bis das letzte Klöppelpaar aufgenommen ist. Dann den mittleren Teil in Ganzschlag 3 x Leinenschlag und Ganzschlag klöppeln. Dann wieder abnehmen und die letzten 2 Klöppelpaare am Ring anhäkeln und abknüpfen. Die weiteren 5 Flammen ebenso arbeiten.

1112111

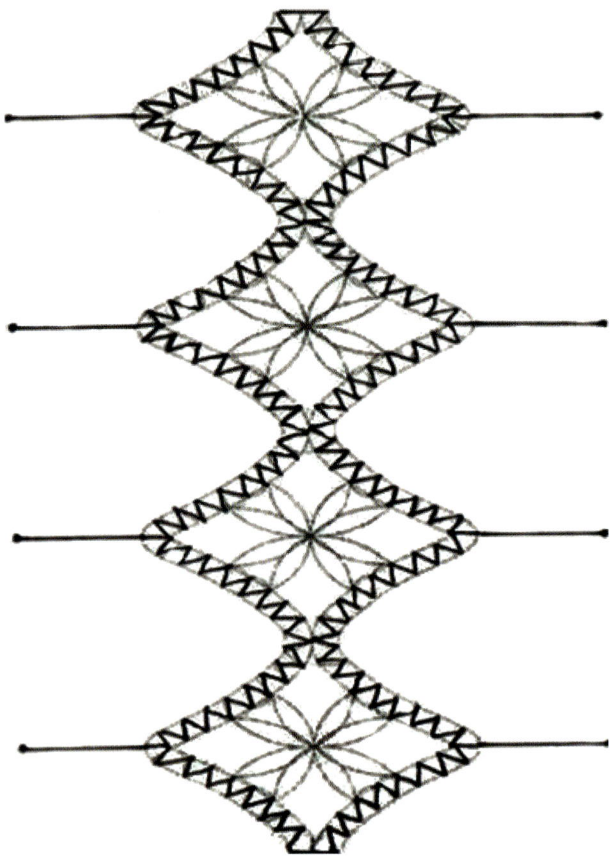

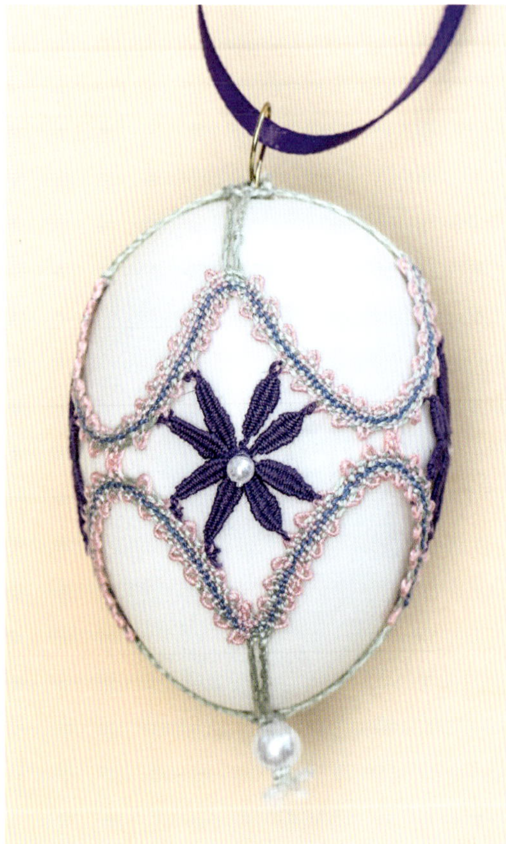

OSTEREI MIT BLÄTTCHEN UND PERLEN

Material:	Baumwolle 80; Farbe nach Wahl; 1 Ei	
	Außen:	8 Klöppelpaare
	Innen:	pro Blüte 8 Klöppelpaare 4 kleine Perlen, 1 große Perle 1 Seidenband und 1 Aufhänger
Ausführung:	Bänder:	Leinenschlag nach rechts und links
	Mitte:	Sechserverbindung (siehe Anhang, S. 87)

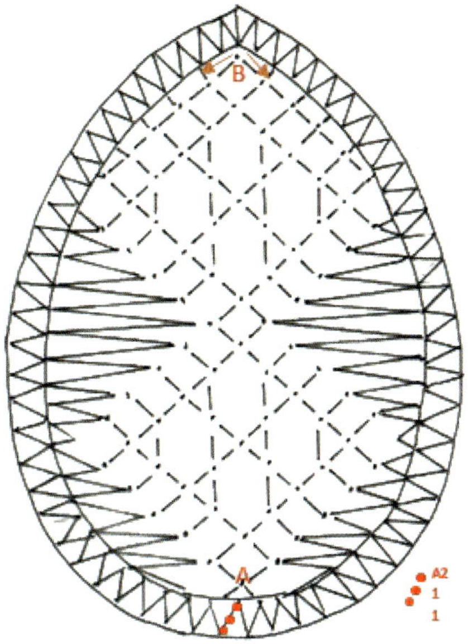

Baumwolle 80

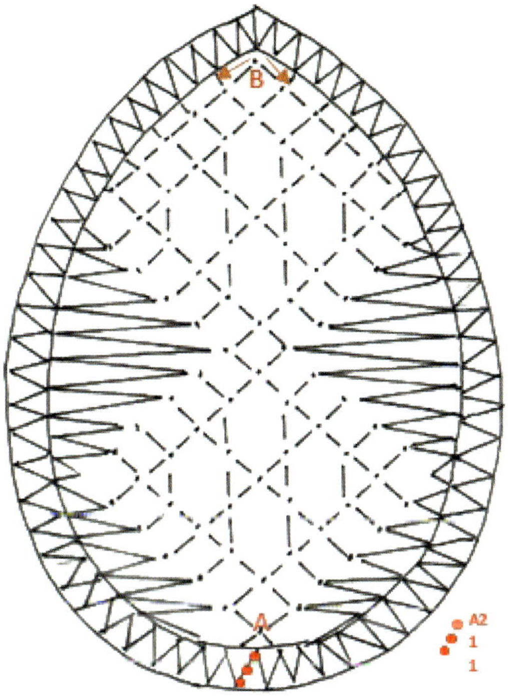

Perlgarn Nr. 8

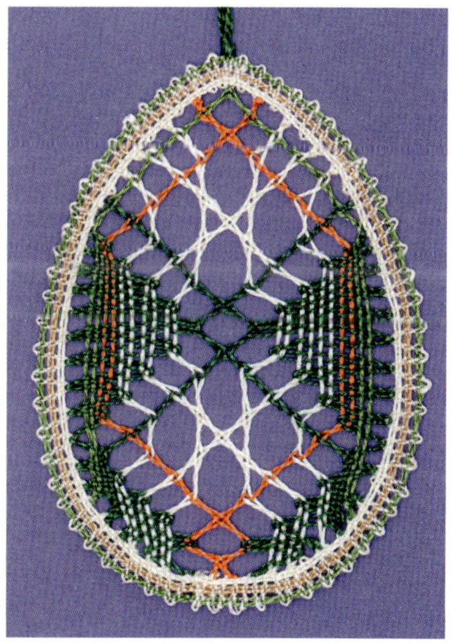

OSTEREI – ROSENGRUND

Material:	18 Klöppelpaare; Perlgarn Nr. 8; Baumwolle 40 oder Leinengarn Nel Nr. 50/3	
Ausführung:	Rand:	4 Klöppelpaare davon 3 Perlgarn Nr. 8; Farbe nach Wahl. Das vierte Paar (Laufpaar) Nel Nr. 50/3
	Füllung:	14 Klöppelpaare; Perlgarn Nr. 8; Leinenschlag; Farbe nach Wahl. Rosengrund (siehe Anhang, S. 88) und Leinendreieck

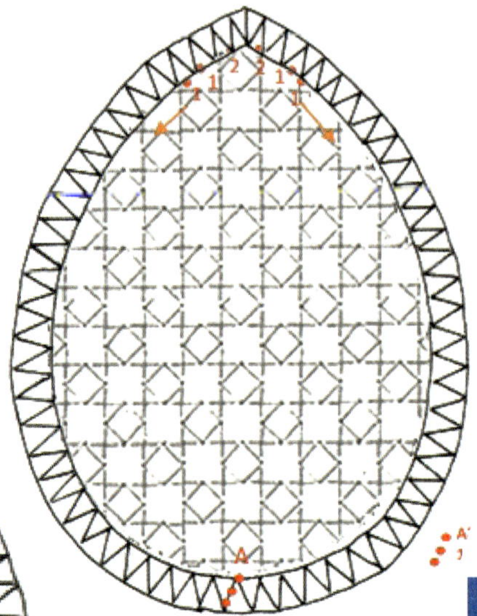

nur Baumwolle 80

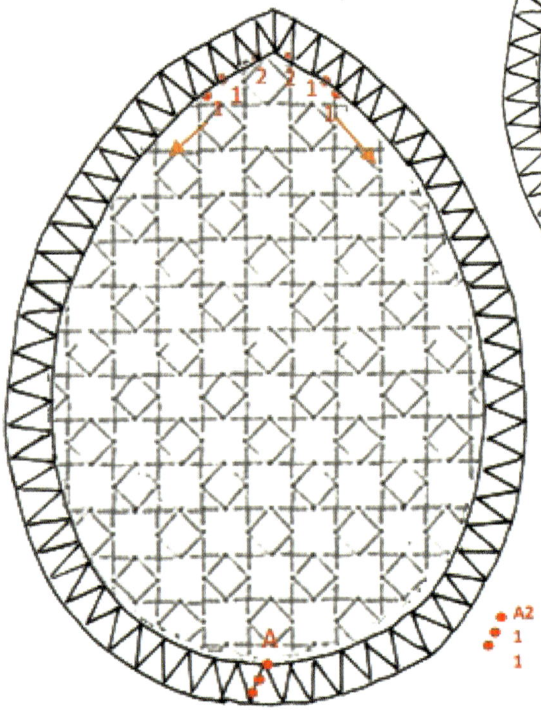

Perlgarn Nr. 8; Baumwolle 60

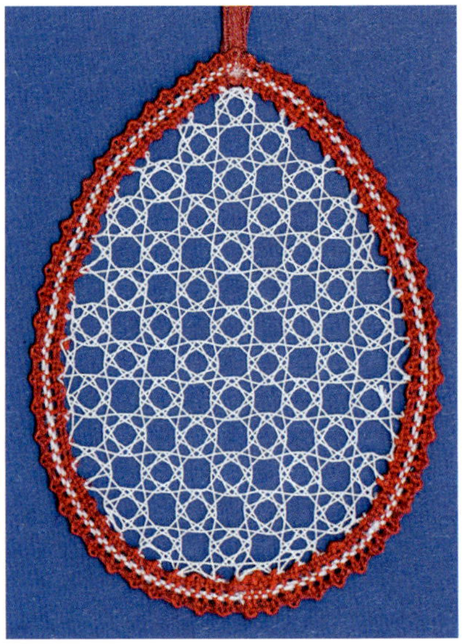

OSTEREI – JUNGFERNGRUND

Material: 24 Klöppelpaare; Perlgarn Nr. 8; Baumwolle 60

Ausführung:

Rand: 4 Klöppelpaare, davon 3 Perlgarn Nr. 8, Farbe nach Wahl. Das vierte Paar (Laufpaar) soll dünner sein.

Füllung: 20 Klöppelpaare; Baumwolle 60; weiß. Mit 4 Paaren oben in der Mitte mit dem Jungferngrund beginnen, in der Schrägen klöppeln und die weiteren Klöppeln aufnehmen. Jungferngrund (siehe Anhang, S. 88)

Für das kleine Ei Baumwolle 80 verwenden.

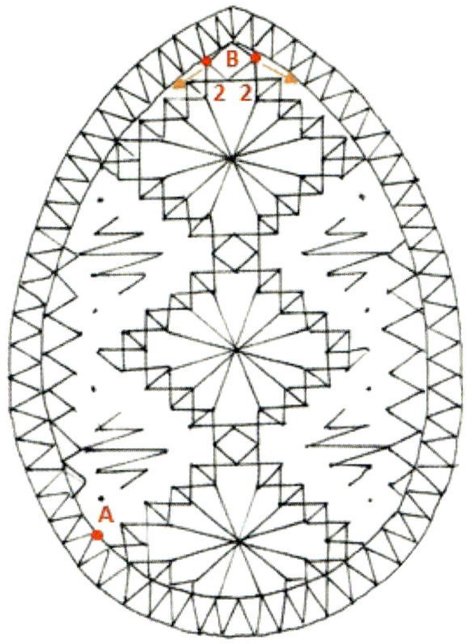

nur Baumwolle 80

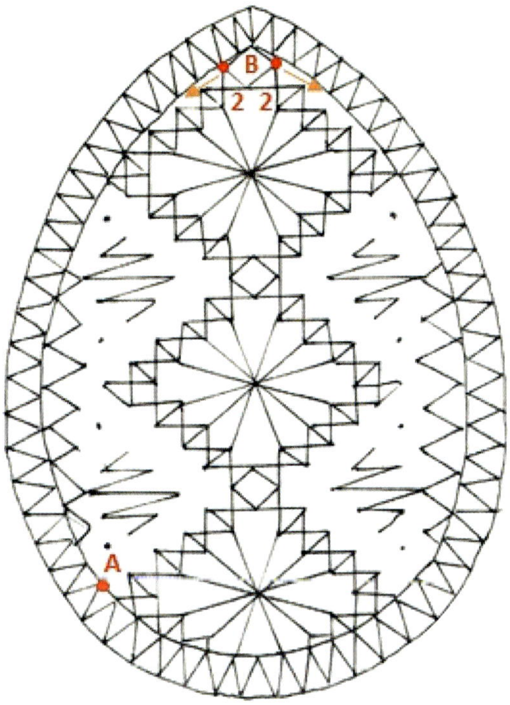

Perlgarn Nr. 8; Baumwolle 60

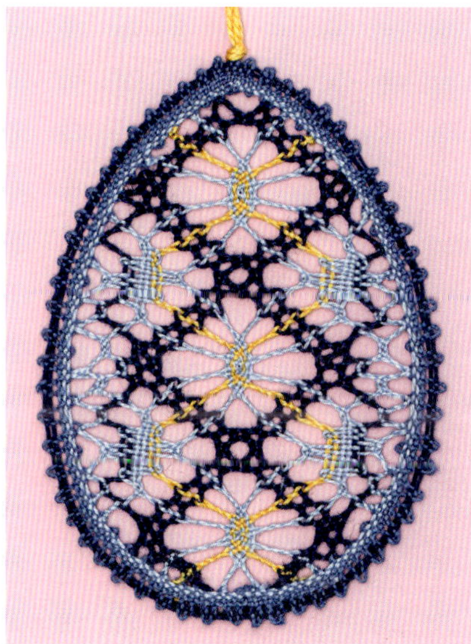

OSTEREI – SCHRÄGER ZIERGRUND

Material: 20 Klöppelpaare; Perlgarn Nr. 8; Baumwolle 40
oder Leinengarn Nel Nr. 50/3

Ausführung:

Rand: Bei **A** 4 Klöppelpaare, davon 3 Perlgarn Nr. 8;
Farbe nach Wahl.
Hier wurde gewählt: dunkel-, mittel- und hellblau
Das vierte Paar (Laufpaar) in Leinengarn Nel Nr. 50/3

Füllung: Perlgarn Nr. 8; 16 Klöppelpaare; davon 6 dunkelblau,
8 mittelblau und 2 gelb
Bei **B** beginnt man mit 2 x 2 Klöppelpaaren.
Schräger Ziergrund (siehe Anhang, S. 88),
Spinne und Leinenquadrat

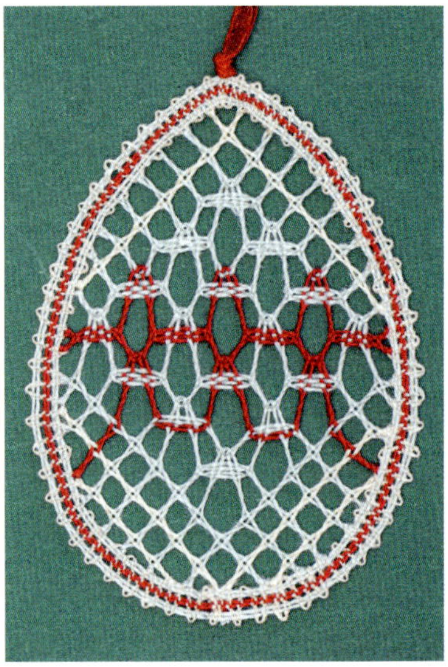

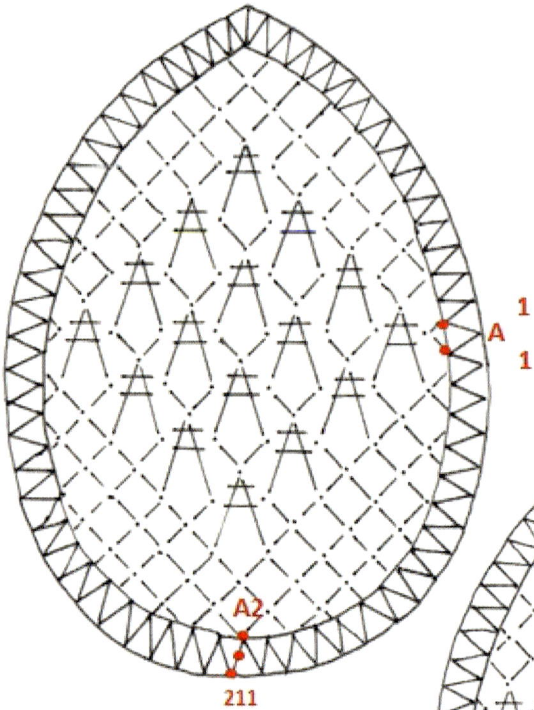

Perlgarn Nr. 8

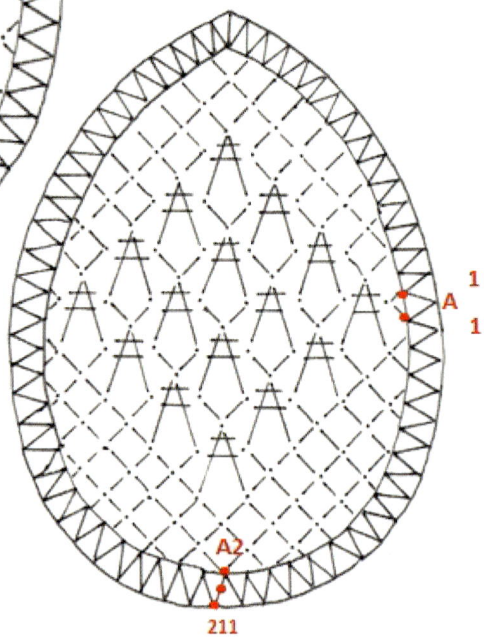

Baumwolle 80

OSTEREI – PAGODENGRUND

Material: 27 Klöppelpaare; Perlgarn Nr. 8; Baumwolle 40 oder Leinengarn Nel Nr. 50/3

Ausführung:

Rand: 4 Klöppelpaare, davon 3 Perlgarn Nr. 8, Farbe nach Wahl. Das vierte Paar (Laufpaar) in Baumwolle 40 oder Leinengarn Nel Nr. 50/3

Füllung: 23 Klöppelpaare; Perlgarn Nr. 8, Farbe nach Wahl. Pagodegrund (siehe Anhang, S. 88) und Löchergrund.

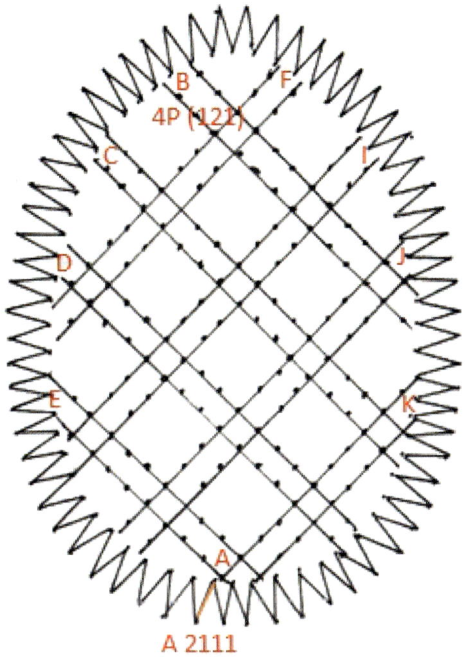

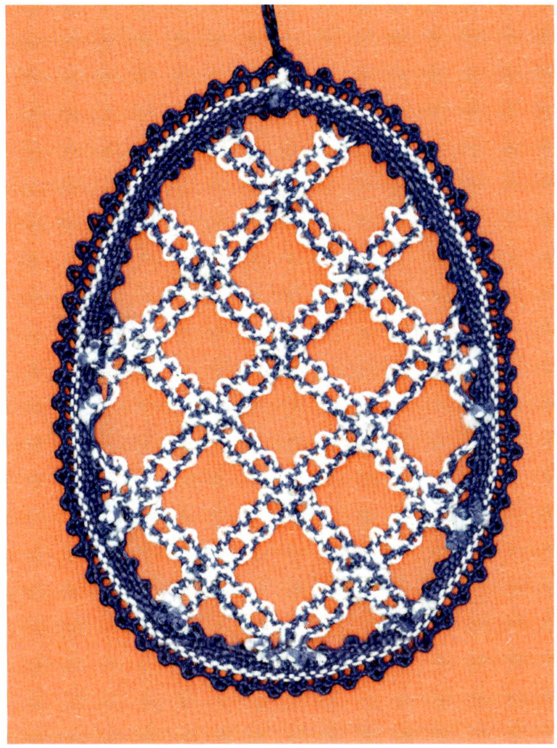

OSTEREI – FÜLLTECHNIK MIT ÉTERNELLE

Material: 37 Klöppelpaare; Perlgarn Nr. 8

Ausführung:

Rand: 5 Klöppelpaare, davon 4 dunkelblau und 1 weiß
Ganzschlag; *Innen:* 3-mal Leinenschlag

Füllung: 32 Klöppelpaare,
d. h. 4 Klöppelpaare pro Band, d. h. bei Punkten B, C, D, E, F, I, J und K jemals 4 Klöppelpaare anstecken und in der Éternelle-Technik ausführen.

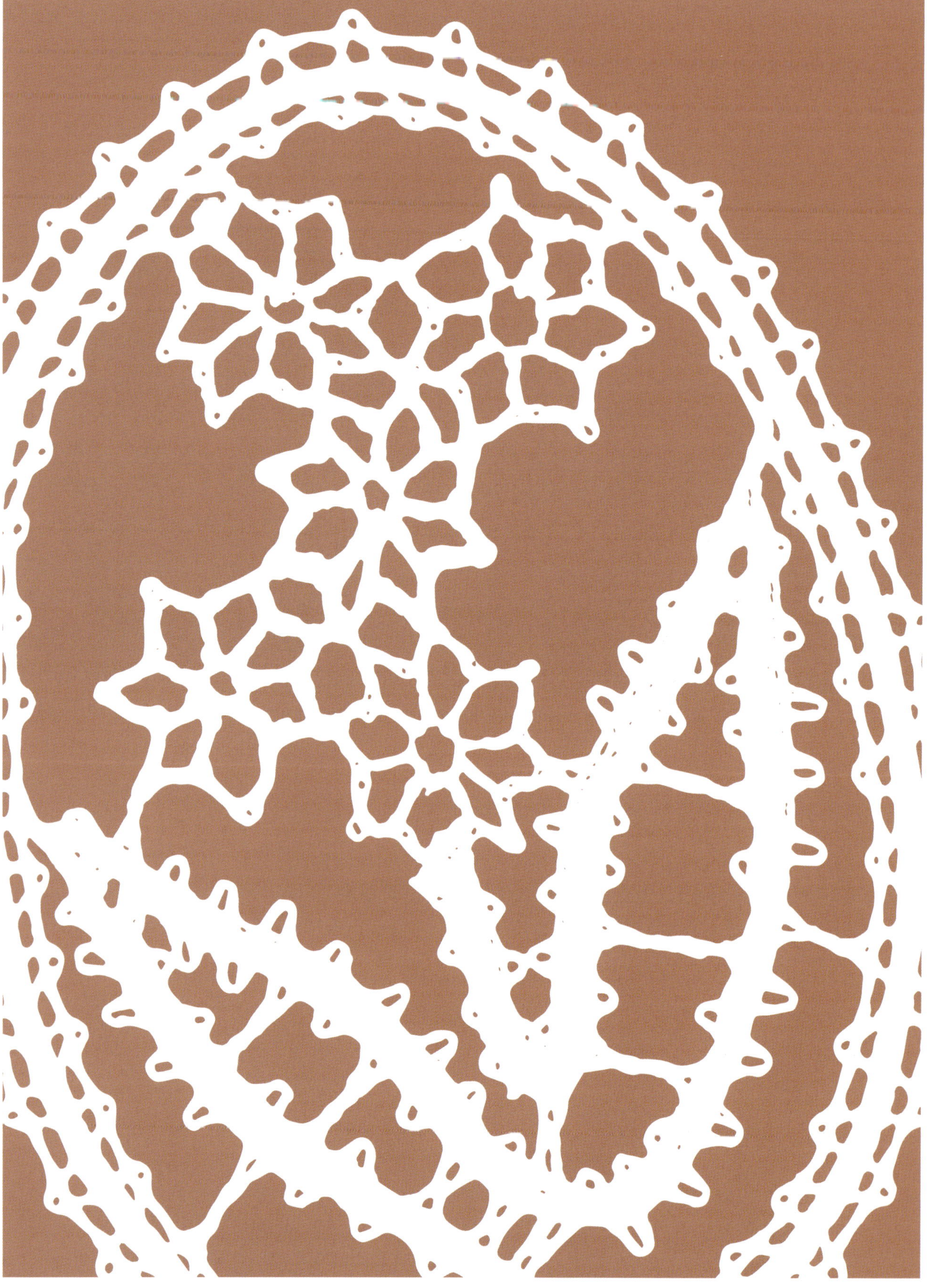

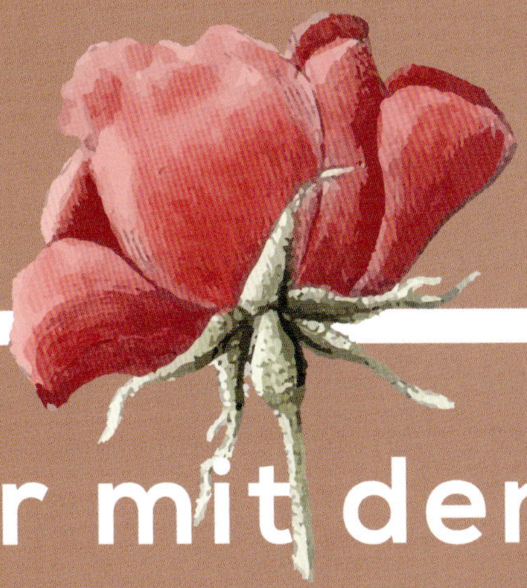

Ostereier mit den Elementen der Grazer Spitze

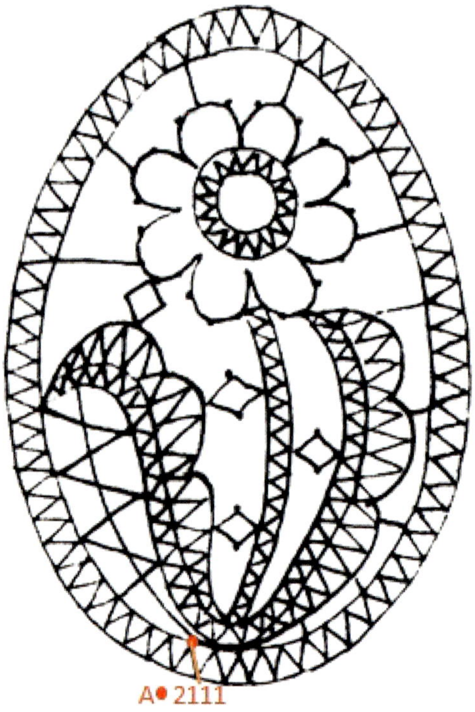

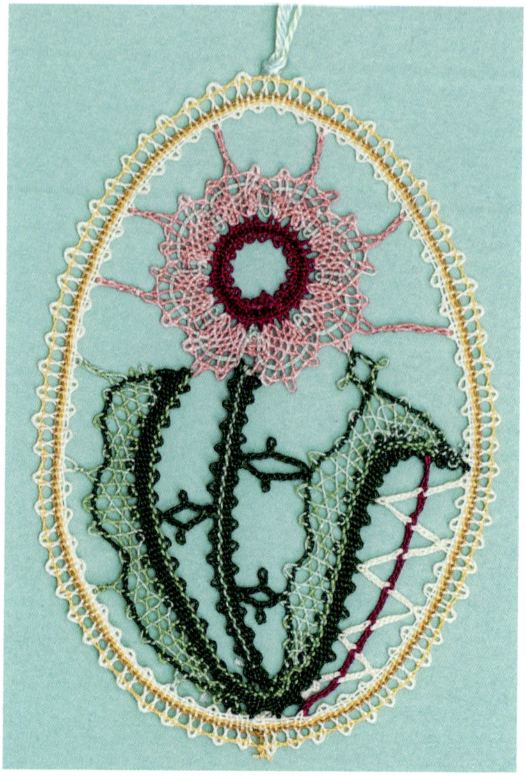

GRAZER SCHNEEROSE

Material: Baumwolle 80; Farben nach Wahl

Ausführung:

Rand: 5 Klöppelpaare, 3 x Leinenschlag und 1 Ganzschlag

Blume: Innenring: 4 Klöppelpaare mit Leinenschlag
Blütenblätter: 5 Klöppelpaare + 1 Konturfaden
Stängel: 4 Klöppelpaare mit Leinenschlag
Details finden Sie im Buch „Klöppeln. 40 Muster der Grazer Spitze“

Blätter: Für Leinenschlag und Halbschlag: 8–9 Klöppelpaare
Verzierung – Flechter: 4 Klöppelpaare mit Öse
Randverbindung mit Falschem Flechter

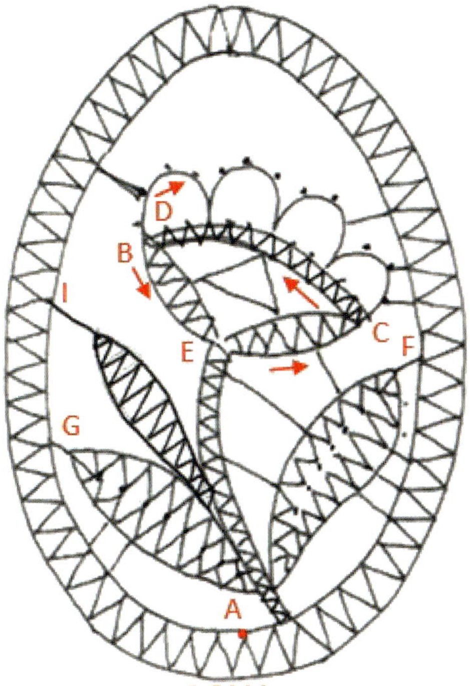

A 2111

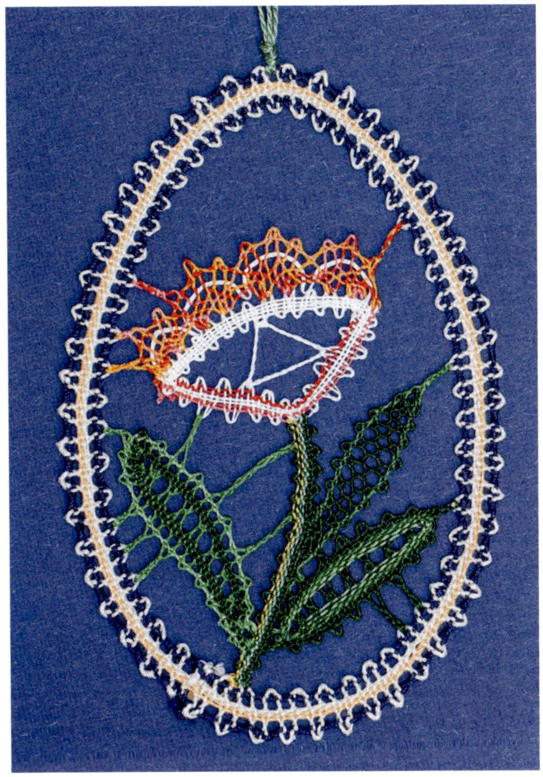

GRAZER OSTEREI

Material: Für den Rand: Baumwolle 40
Für Blüte, Stängel und Blätter: Baumwolle 80
Farbe nach Wahl.

Ausführung:

Rand: 5 Klöppelpaare, Ganzschlag, 2 x Leinenschlag, Ganzschlag

Blüte: Bei Punkt **B** 2 Klöppelpaare anstecken und weitere 2 Klöppelpaare aufnehmen und die unteren Blätter der Blüte arbeiten. Bei Punkt **C** 1 Klöppelpaar hinauslegen, abknüpfen. Mit den verbliebenen Klöppelpaaren das untere Ende der Blüte im Leinenschlag mit Dreieck klöppeln. Bei Punkt **D** Blütenblätter mit 4 Klöppelpaaren und 1 Konturfadenpaar arbeiten. Ganz- und Halbschlag (siehe Buch „Klöppeln. 40 Muster der Grazer Spitze").

Stängel **E**: 4 Klöppelpaare; Blatt **F**: 4 Klöppelpaare; Blatt **G**: 4 Klöppelpaare; Blatt **I**: 5 Klöppelpaare. Die Verbindungen zum Rand werden mit Falschem Flechter geklöppelt.

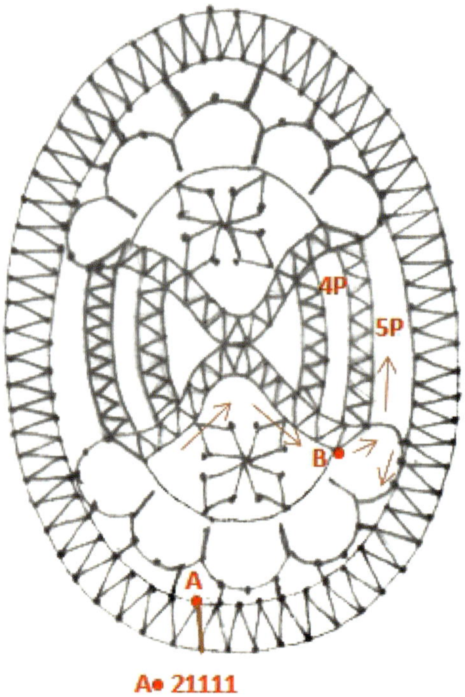

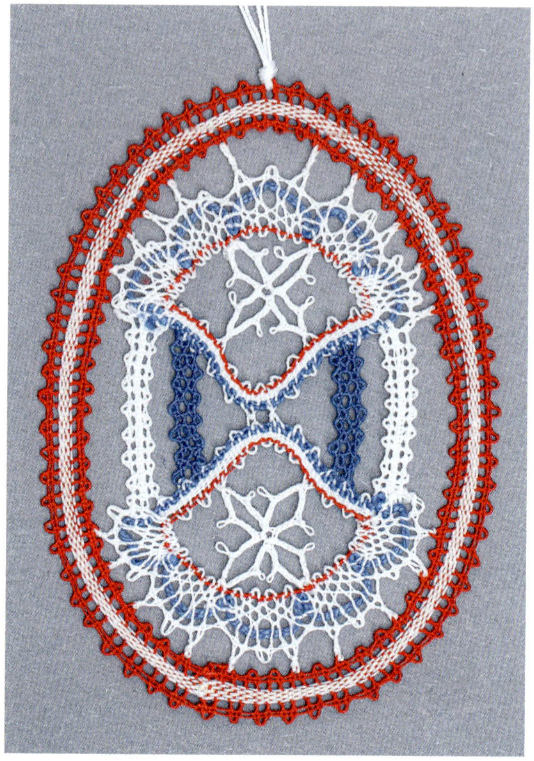

OSTEREI MIT MEDAILLON

Material: Baumwolle 80; Farben nach Wahl

Ausführung:

Außenrand: 6 Paare; Ganzschlag, 3 x Leinenschlag, Ganzschlag

Blütenbogen: 5 Paare + 1 Konturfaden;
(siehe Buch „Klöppeln. 40 Muster der Grazer Spitze")
Für die äußere Verbindung des Blütenbogens: 5 Paare
Für die innere Verbindung des Blütenbogens: 4 Paare

Füllung: Flechter: 2 Paare mit Grazer Öse.

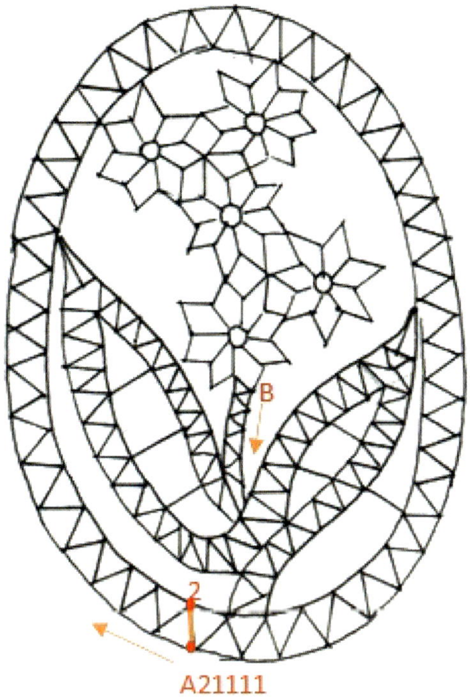

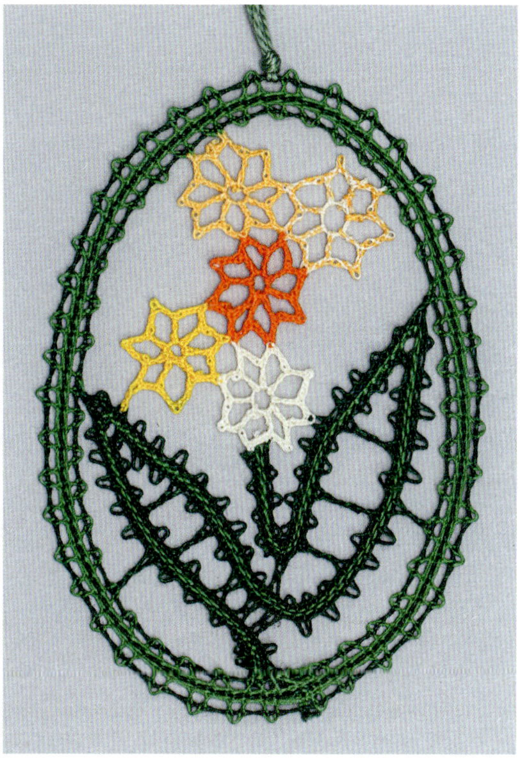

OSTERBLUME

Material: 12 Klöppelpaare; Baumwolle 80
dunkelgrün; hellgrün; gelb; weiß; rot

Ausführung:

Rand: 6 Klöppelpaare;
Ganzschlag, 3 x Leinenschlag, Ganzschlag

Blätter: 4 Klöppelpaare;
Leinenschlag und Verbindungen mit „Falschem Flechter".

Blüten: 2 Klöppelpaare mit Flechter geklöppelt.

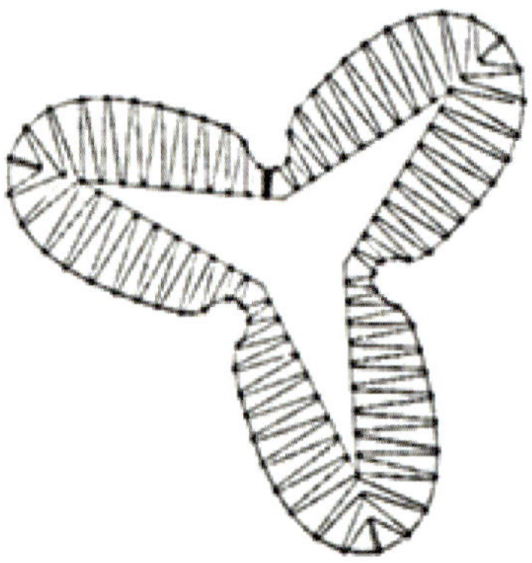

Blüte A

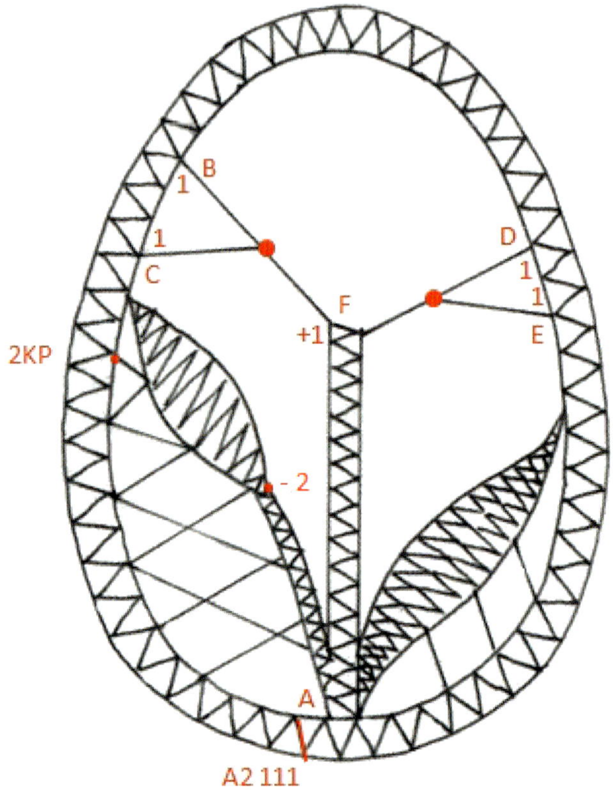

3D-BLUME

Material:

Baumwolle 40 für Rand
Baumwolle 80 für Blüte, Blätter, Stängel und Flechterfüllung
Farbe nach Wahl; eine Perle.

Ausführung:

Rand: 5 Klöppelpaare; 3 x Leinenschlag, Ganzschlag

Blüte: 6 Klöppelpaare; 2 x klöppeln; Ganz-, Halb-, Ganzschlag
Bei **B**, **C**, **D**, **E** je 1 Klöppelpaar einhängen und drehen.
Ab dem **roten** Punkt mit Flechter weiterarbeiten bis Punkt **F** und 1 Klöppelpaar für den Stängel aufnehmen; Leinenschlag (Stängel: 5 Klöppelpaare)

Linkes Blatt: 5 Klöppelpaare; Ganzschlag, Halbschlag, Ganzschlag

Rechtes Blatt: 7 Klöppelpaare; Leinenschlag

Füllung: 4 Klöppelpaare; Flechter
Blüte am Rand zusammenziehen. Mit 2 Stichen annähen und die Perle in der Mitte anbringen.

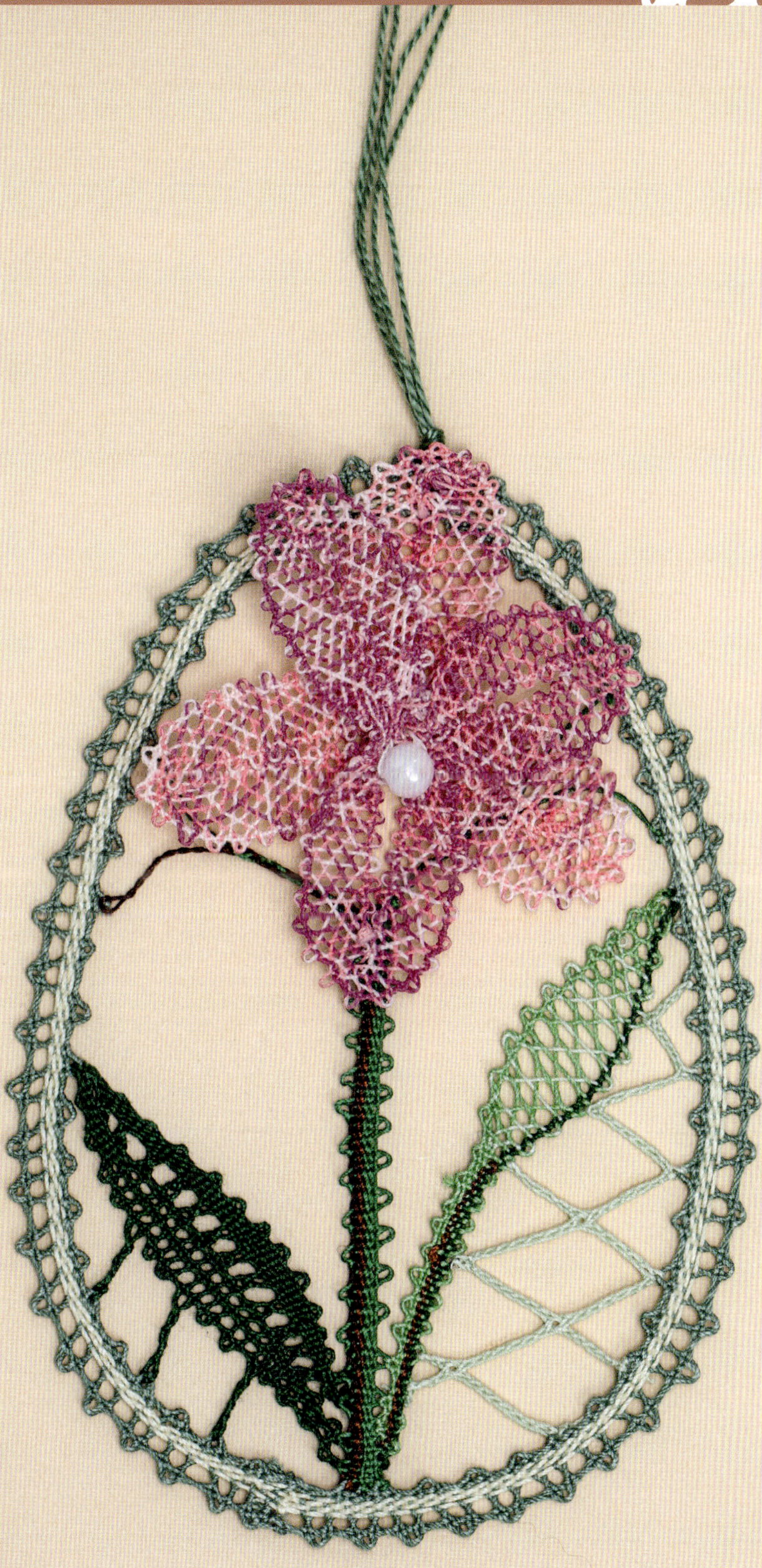

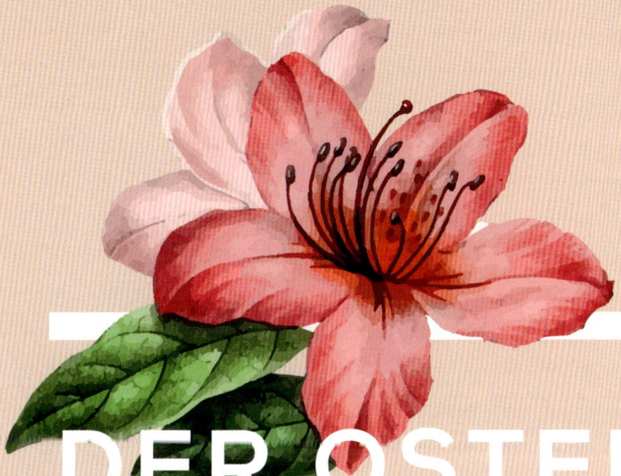

DER OSTERHASE IM OSTEREI

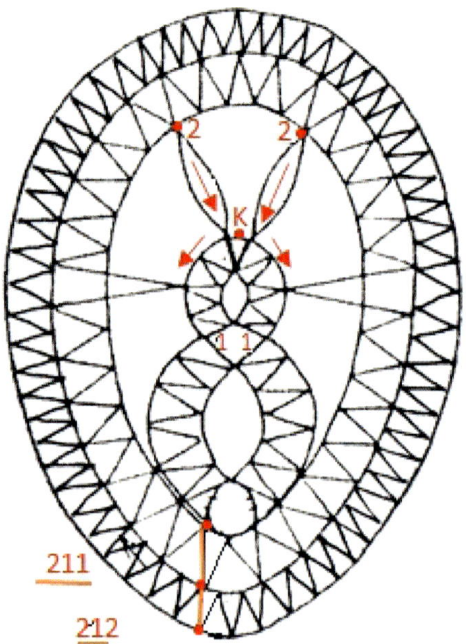

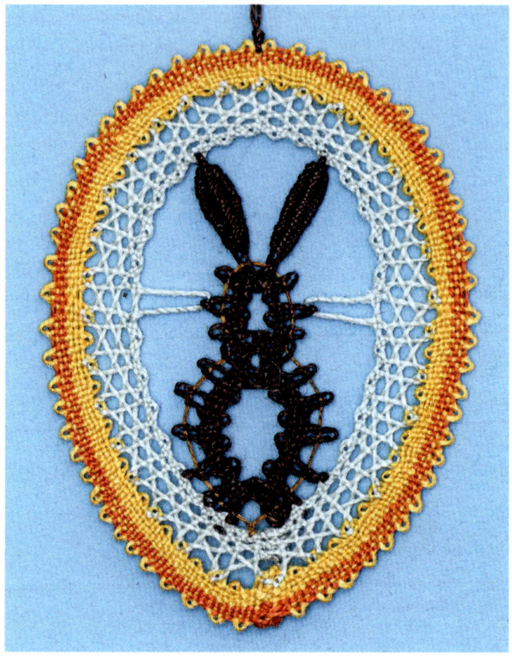

KLEINER OSTERHASE

Material: Perlgarn Nr. 8; Farbe nach Wahl; 15 Klöppelpaare und 1 Konturfadenpaar

Ausführung:

Rand: 5 Klöppelpaare für Leinenschlag, 4 Klöppelpaare für Halbschlag und Ganzschlag

Hase: Mit je 2 Klöppelpaaren bei den Ohren beginnen. Bei **K** das Konturfadenpaar anstecken und bis zum Rumpf klöppeln und dann links und rechts ein Klöppelpaar aufnehmen.

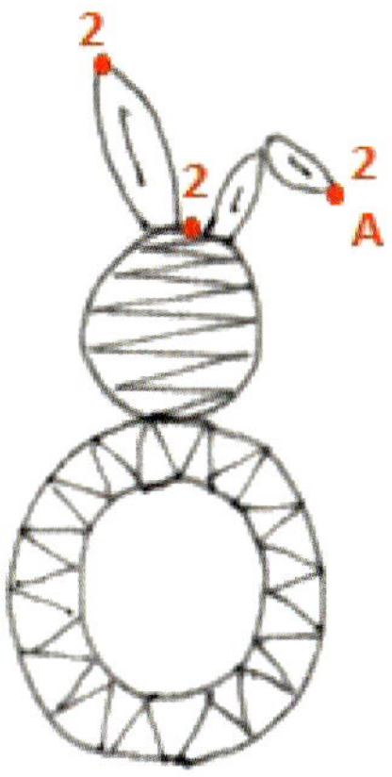

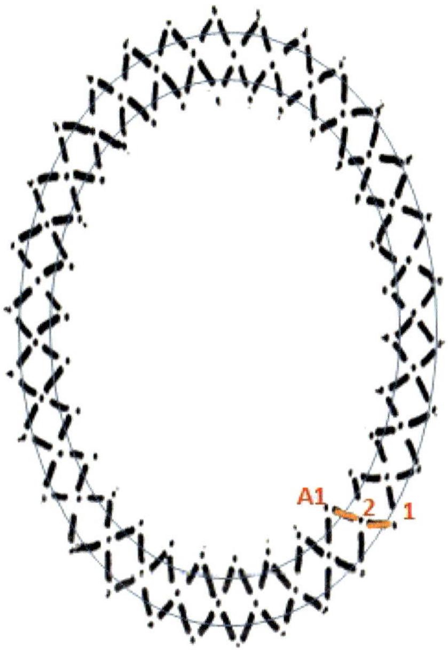

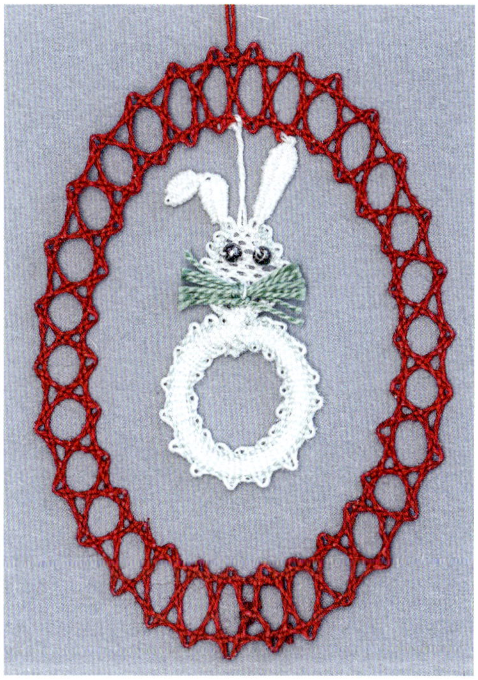

MEDAILLON HASE MIT SCHNURRBART

Material: Perlgarn Nr. 8; Farbe nach Wahl
10 Klöppelpaare; 2 Perlen

Ausführung:

Ei:	4 Klöppelpaare; Éternelle
Hase:	6 Klöppelpaare
Ohren:	Mit Blättchen, Kopf im Halbschlag Leinenschlag für den Rumpf

Schnurrbart und Augen werden angenäht.

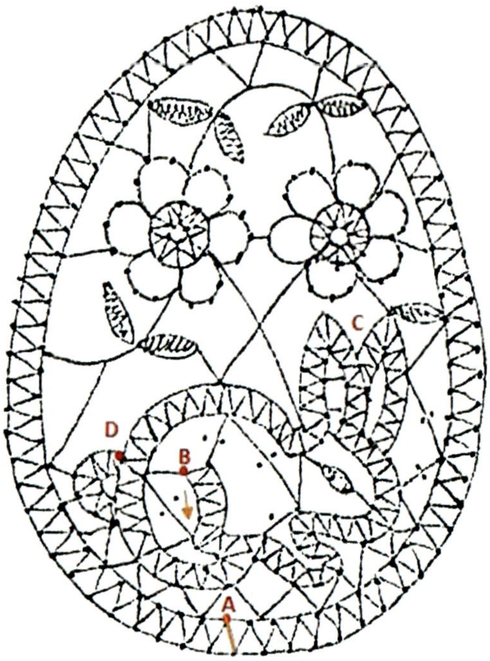

A2111

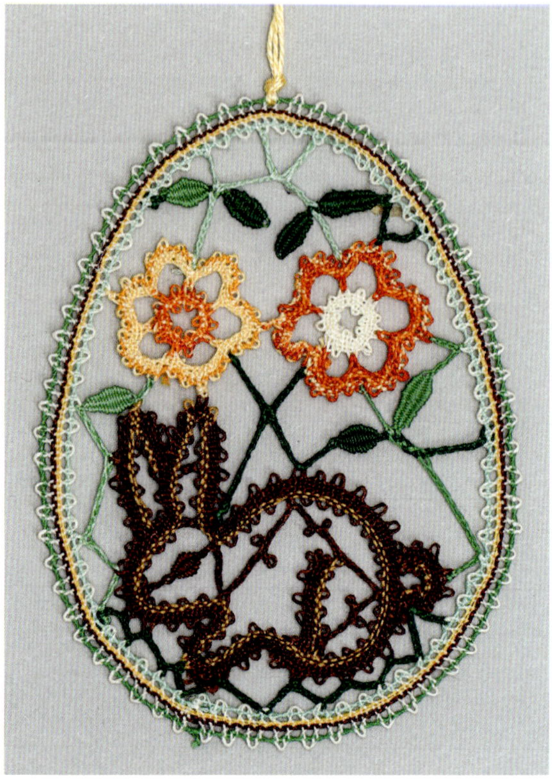

HÄSCHEN IN DER GRUBE

Material: Baumwolle 80; Farbe nach Wahl

Ausführung:

Rand: 5 Klöppelpaare; 3 x Leinenschlag, 2 x Ganzschlag.

Häschen: 4 Klöppelpaare, Leinenschlag bei **B** beginnen.
Zweites Ohr und Schwanz extra anstecken und im Leinenschlag klöppeln.
Füllung: Flechter mit Öse und für das Auge ein Blättchen

Blumen: Mitte: 3 Klöppelpaare; Blütenblätter: 4 Klöppelpaare
Beide im Leinenschlag

Geäst für Blätter und Verbindungen: 2 Klöppelpaare.

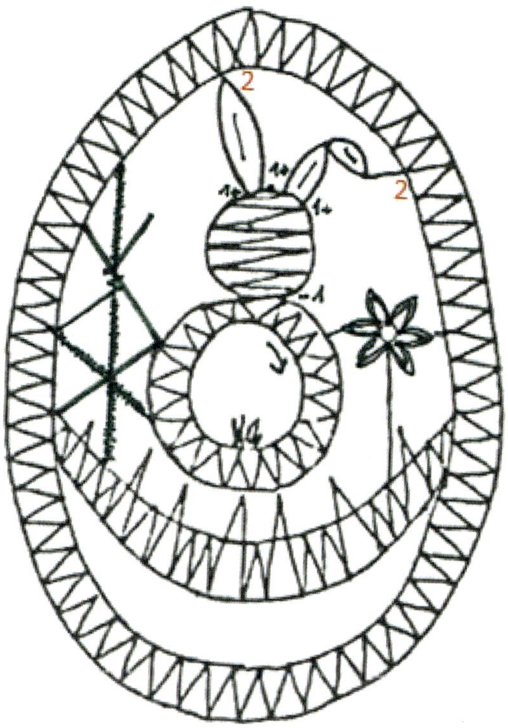

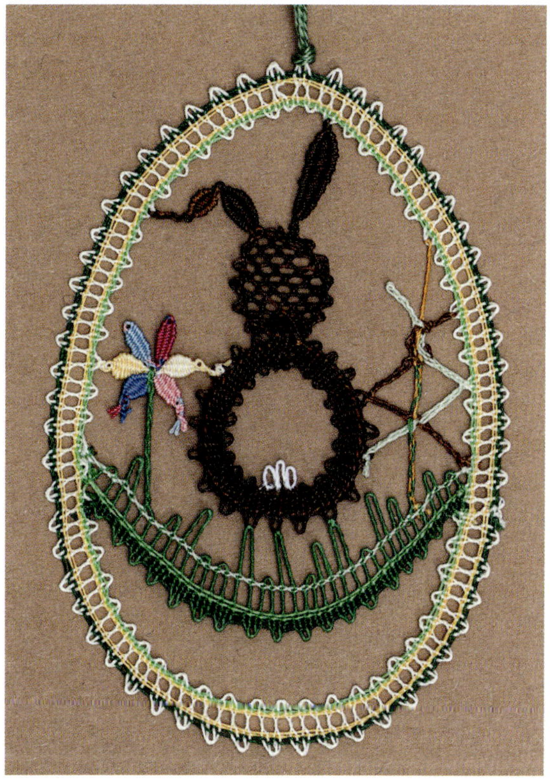

HASE IN DER WIESE

Material: Baumwolle 80; Farbe nach Wahl

Ausführung:

Rand:	5 Klöppelpaare; 2 x Leinenschlag, 2 x drehen, 2 x Leinenschlag.
Hase:	Mit den Ohren beginnen. Je 2 Klöppelpaare für die Blätter. Weiter für den Kopf 3 Klöppelpaare aufnehmen und im Halbschlag klöppeln. Ein Klöppelpaar weglegen. Mit 6 Klöppelpaaren den Rumpf im Leinenschlag arbeiten.
Wiese:	5 Klöppelpaare; 2 x Leinenschlag, 2 x drehen, Ganzschlag. Laufpaar wird zwischendurch mehrmals gedreht (siehe Abbildung).
Blume:	6 Klöppelpaare; Sechser Verbindung (siehe Anhang, S. 87) und 2 Klöppelpaare für den Stängel.
Äste:	6 Klöppelpaare; Flechter

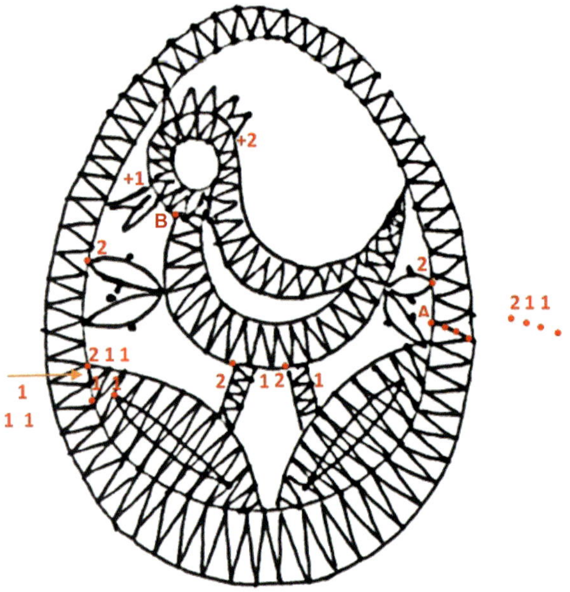

Baumwolle 80

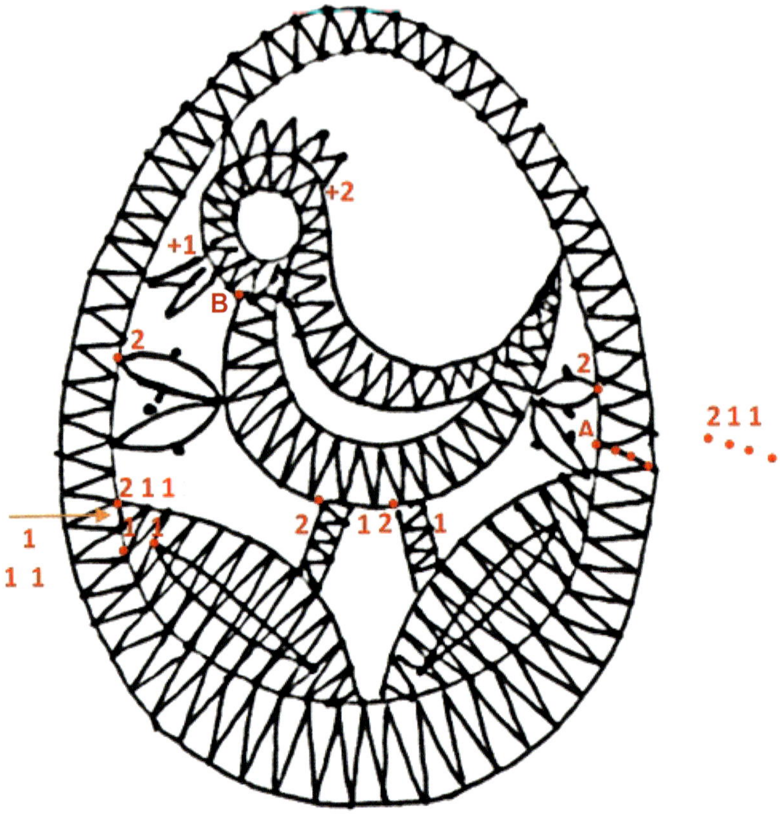

Perlgarn Nr.8

DER FRÜHLING RUFT

Material:	Perlgarn Nr. 8 bzw. Baumwolle 80; Farbe nach Wahl	
Ausführung:	Rand:	Bei **A** mit 5 Klöppelpaaren beginnen; 3 x Leinenschlag, Ganzschlag. Beim unteren Teil des Randes zwischen den Leinenschlägen das Laufpaar einmal drehen.
	Kücken:	Bei **B** mit 6 Klöppelpaaren beginnen; Leinen- und Ganzschlag. Beim Schwanz ein Klöppelpaar hinauslegen und weiter mit 5 Klöppelpaaren beenden.
	Kamm:	2 Klöppelpaare; Flechter
	Schnabel:	1 Klöppelpaar
	Beine:	3 Klöppelpaare; Leinenschlag;
	Blätter:	7 Klöppelpaare. In der Mitte das Laufpaar 1–2 x drehen.
	Verbindung zwischen Rand und Kücken: Flechter mit Öse.	

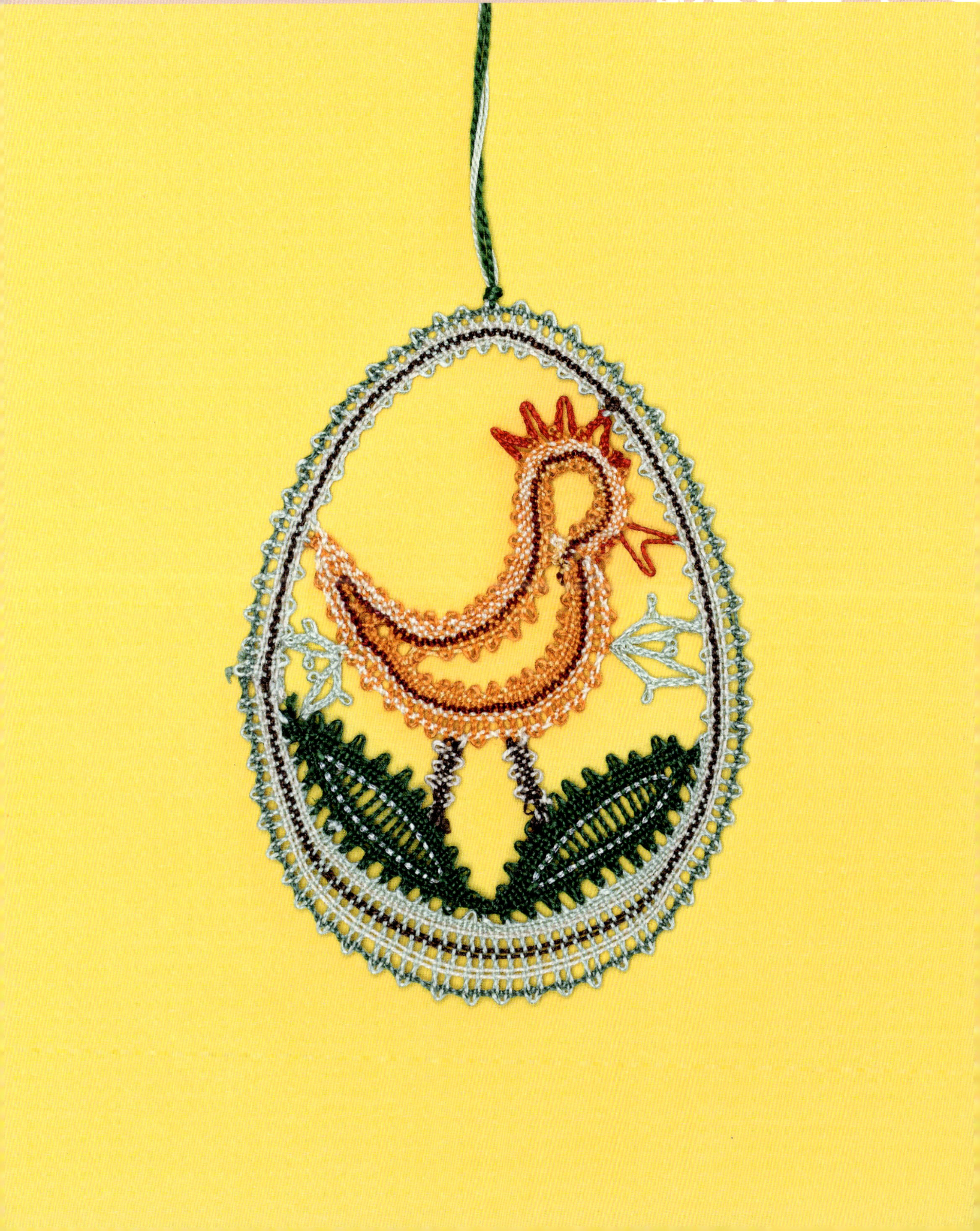

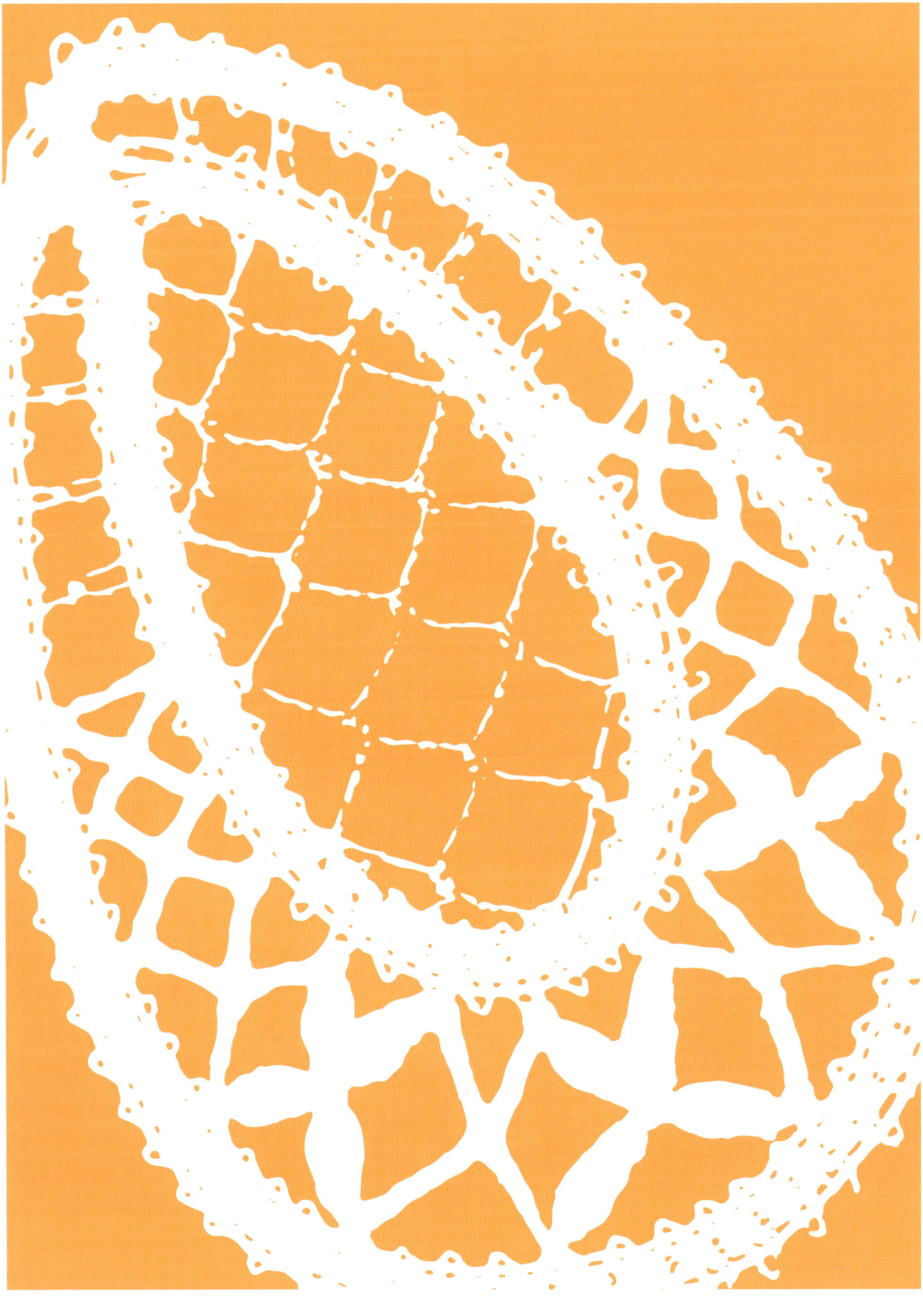

Europäische Österliche Spitzentechniken

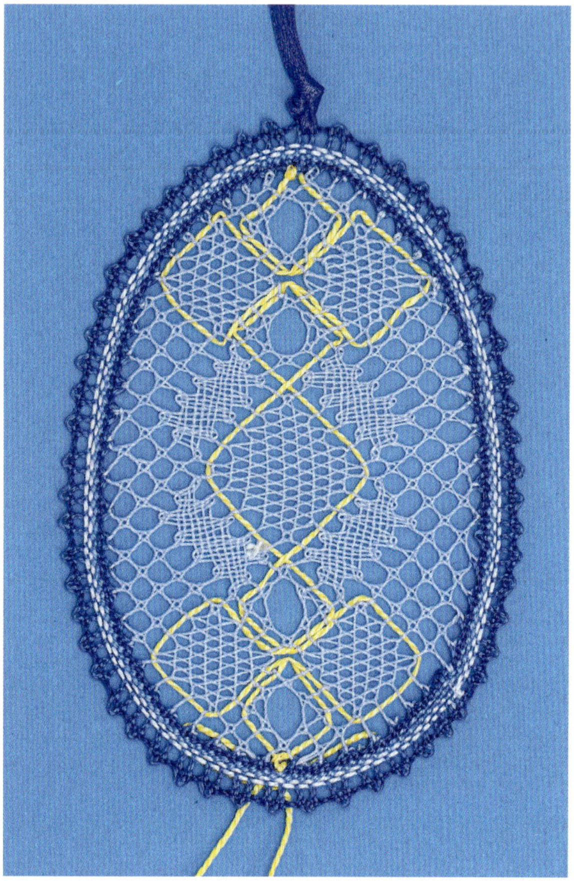

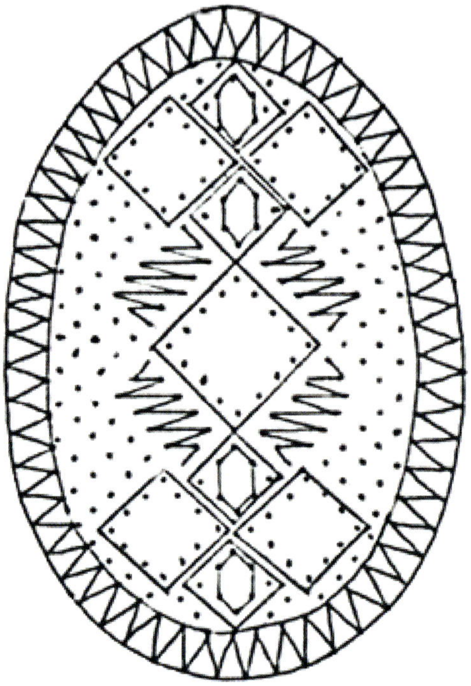

Baumwolle 80

S'GRAVENMOER EI – NIEDERLANDE

Material: 26 Klöppelpaare + 1 Konturfadenpaar; Perlgarn Nr. 5
Farbe nach Wahl
Baumwolle 40 fürs große Ei; Baumwolle 80 fürs kleine Ei.

Ausführung:

Rand: 5 Klöppelpaare; Perlgarn Nr. 8
3 x Leinenschlag und 1 x Ganzschlag.

Füllung: 21 Klöppelpaare; Baumwolle 40,
wird in der Gravenmoer Technik geklöppelt.
1 Konturfadenpaar; Perlgarn Nr. 5

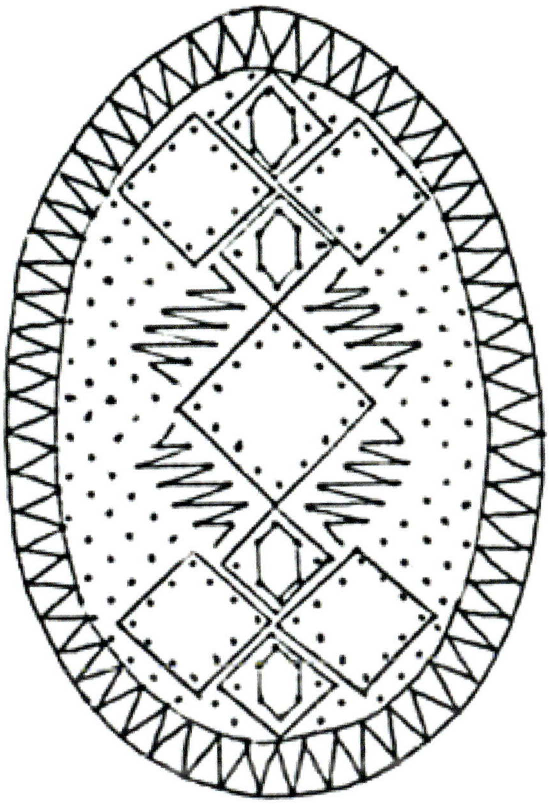

Baumwolle 40

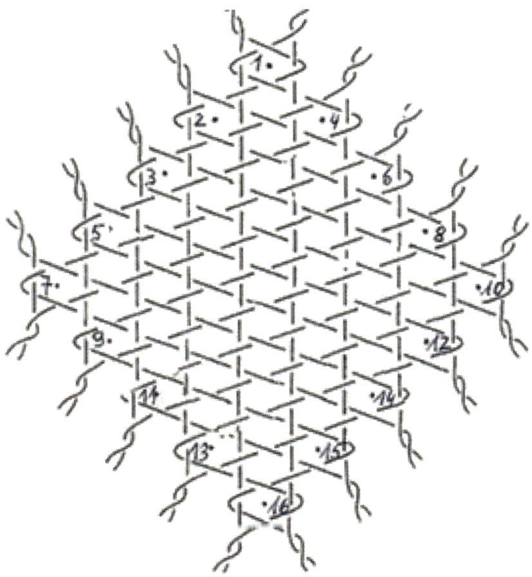

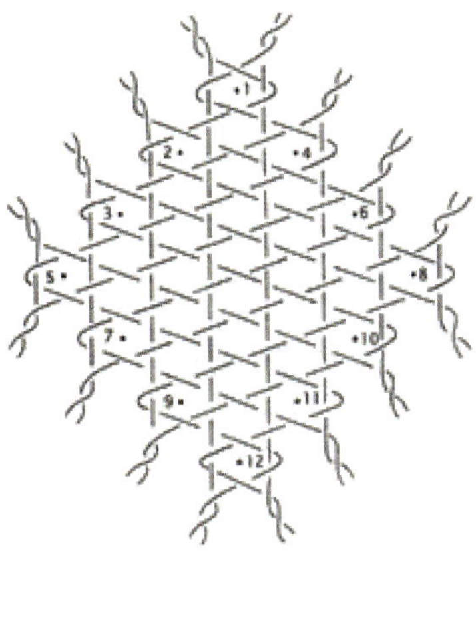

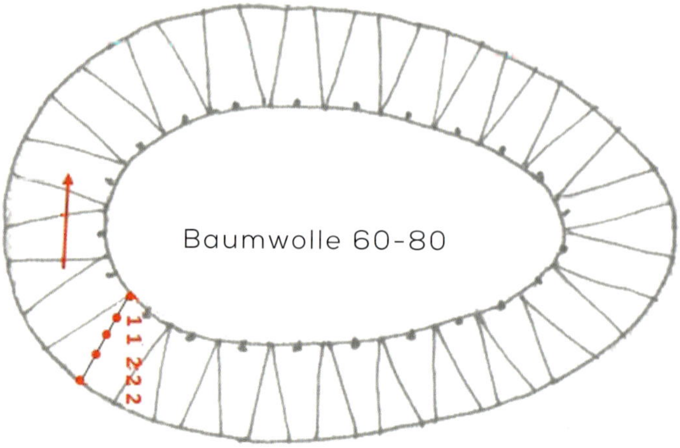

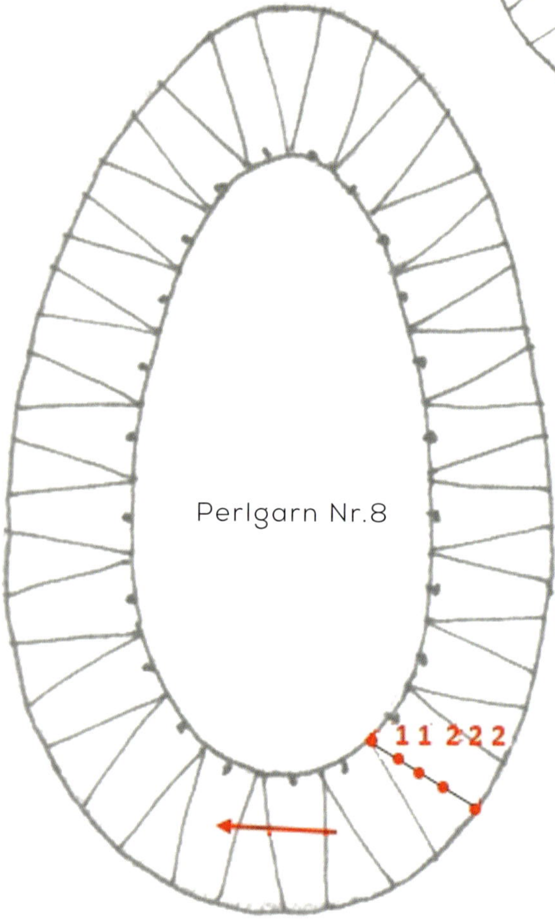

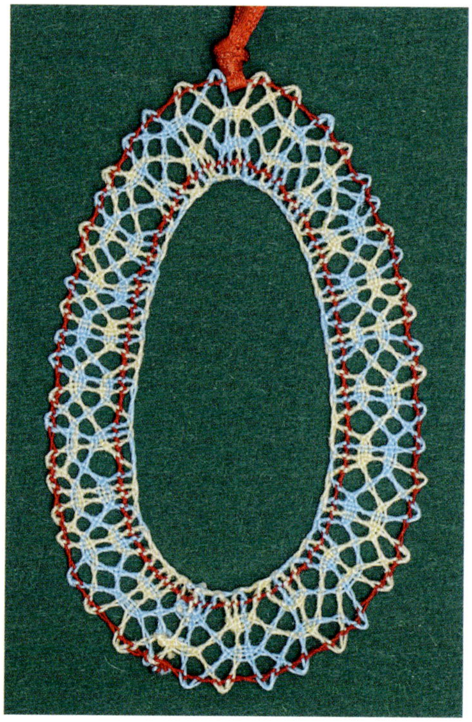

CHRYSANTHE-EI – BELGIEN

Material: 8 Köppelpaare; Farbe nach Wahl;
Perlgarn Nr. 8 für großes Ei
Baumwolle 60–80 für kleines Ei

Ausführung: siehe Chrysanthe-Technik

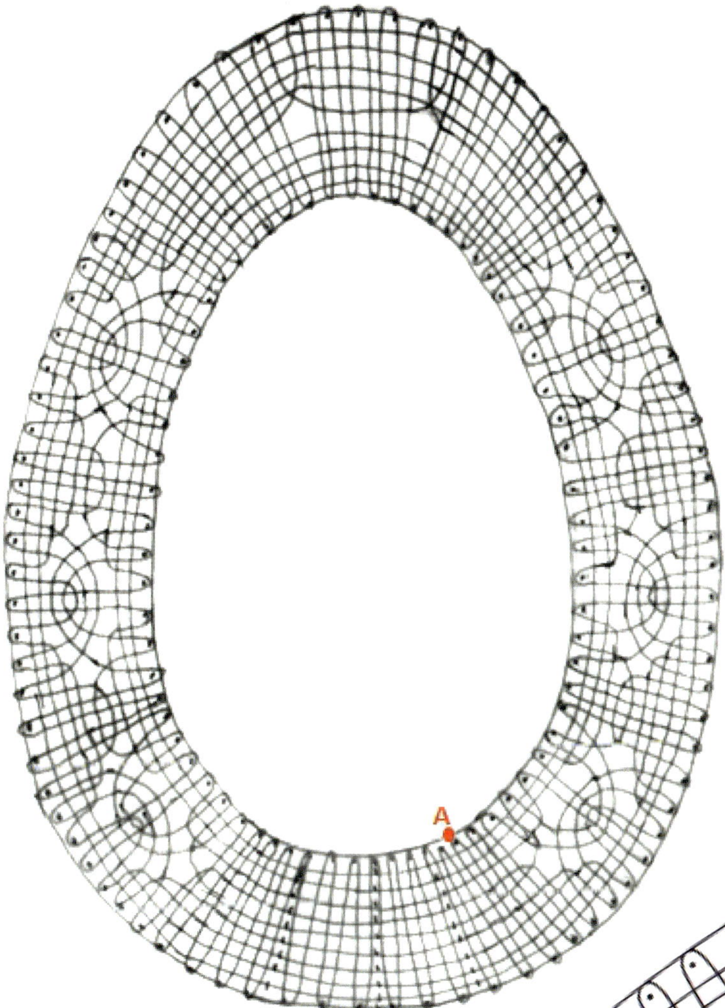

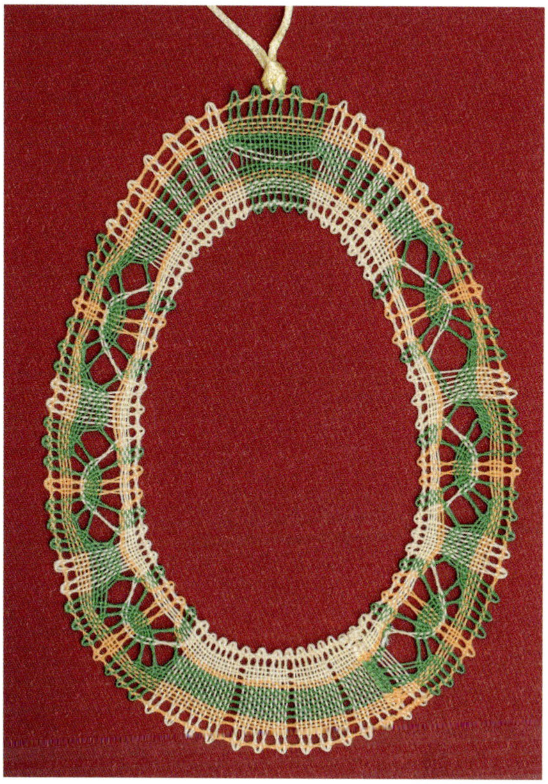

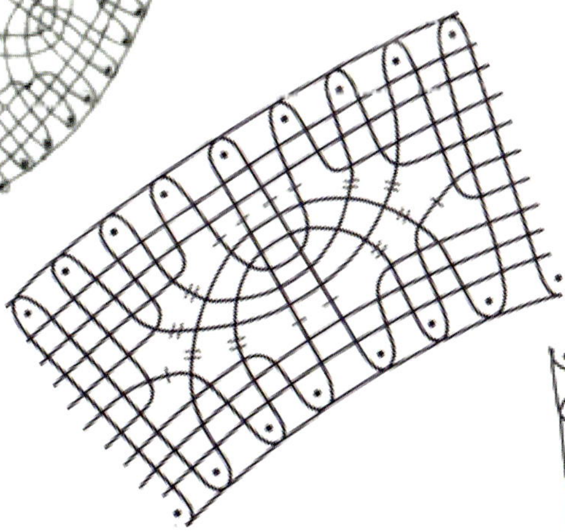

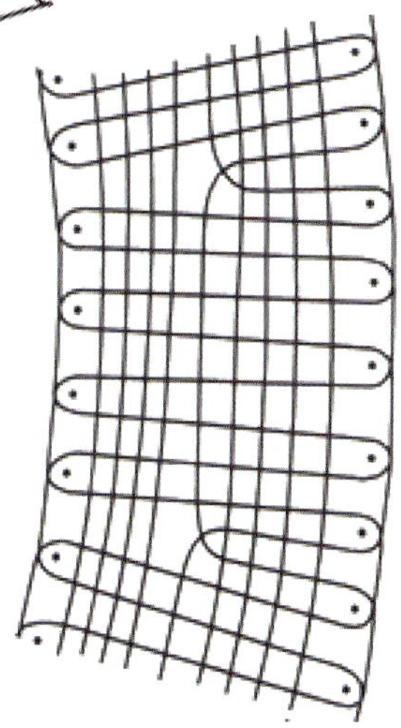

MAILÄNDER EI – ITALIEN

Material: 12 Klöppelpaare; Baumwolle 40,
davon 4 x hellgelb, 4 x orange, 4 x grün

Ausführung: Mailänder Technik

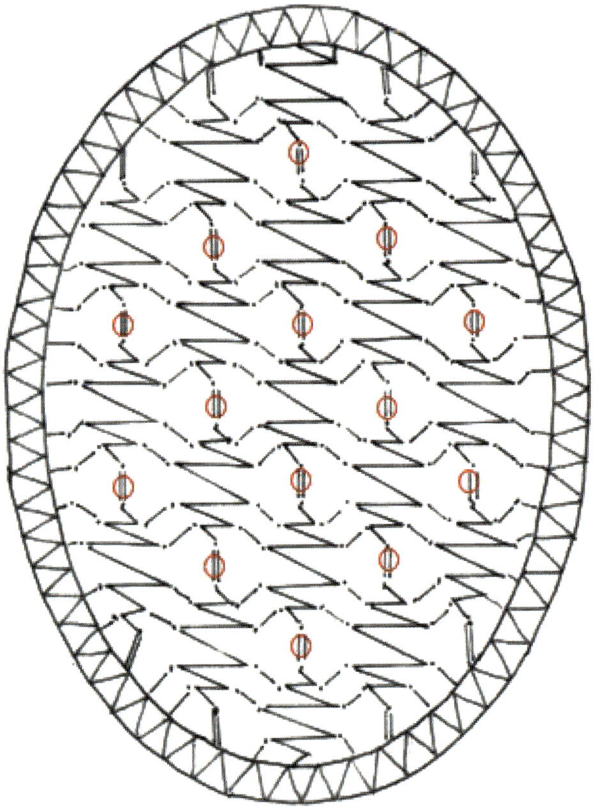

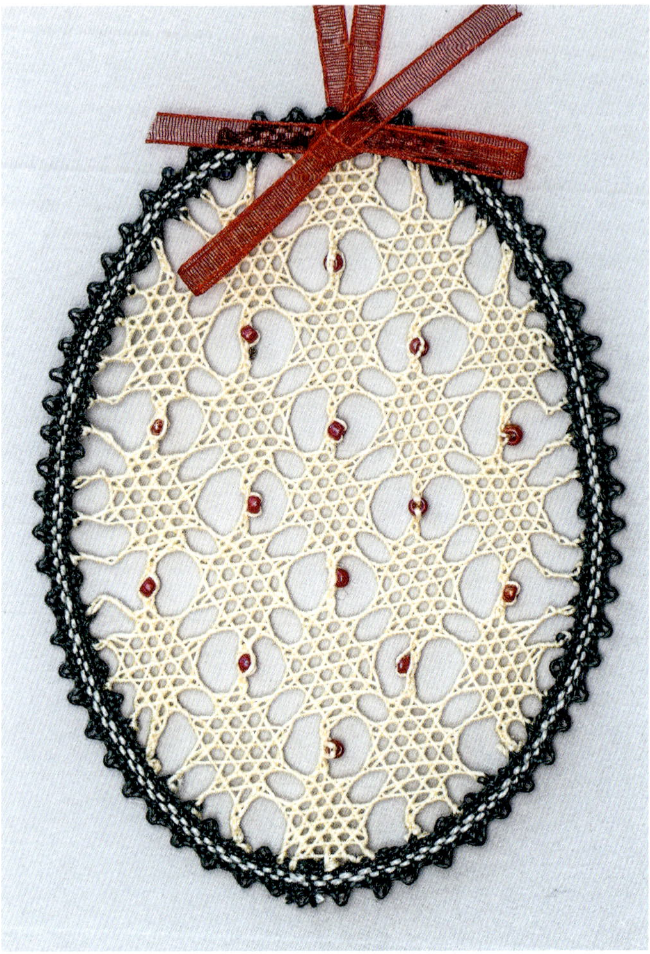

STECKBORN-EI – SCHWEIZ

Material: 30 Klöppelpaare; Baumwolle 50 hellgelb; Perlgarn Nr. 8

Ausführung:

Rand: Wird im Leinenschlag mit 4 Klöppelpaaren geklöppelt.

Füllung: Mit Steckborn-Grund, Baumwolle 50
Jeweils beim Flechter werden die Perlen eingeführt.

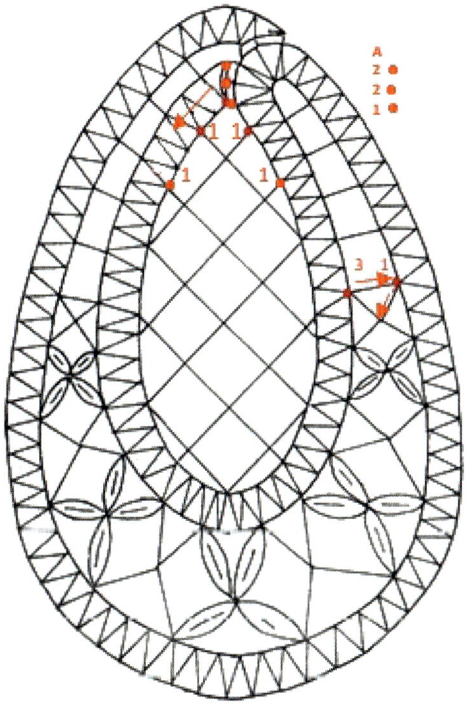

Perlgarn Nr. 8

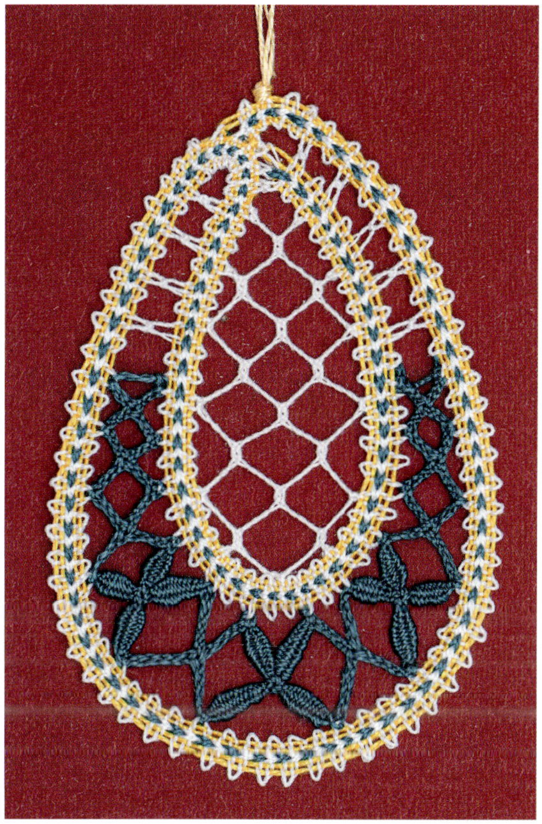

RUSSISCHES EI – RUSSLAND

Material:	Perlgarn Nr. 8; Baumwolle 60 (Laufpaar)	
Ausführung:	Rand:	5 Klöppelpaare, Laufpaar Baumwolle 60; Perlgarn Nr. 8 für Leinen- und Maschenschlag
	Füllung Innen Ei:	4 Klöppelpaare, Baumwolle 60;
	Füllung:	Zwischen Innen- und Außenrand: 4 Klöppelpaare mit Perlgarn Nr. 8, Flechter, Blättchen

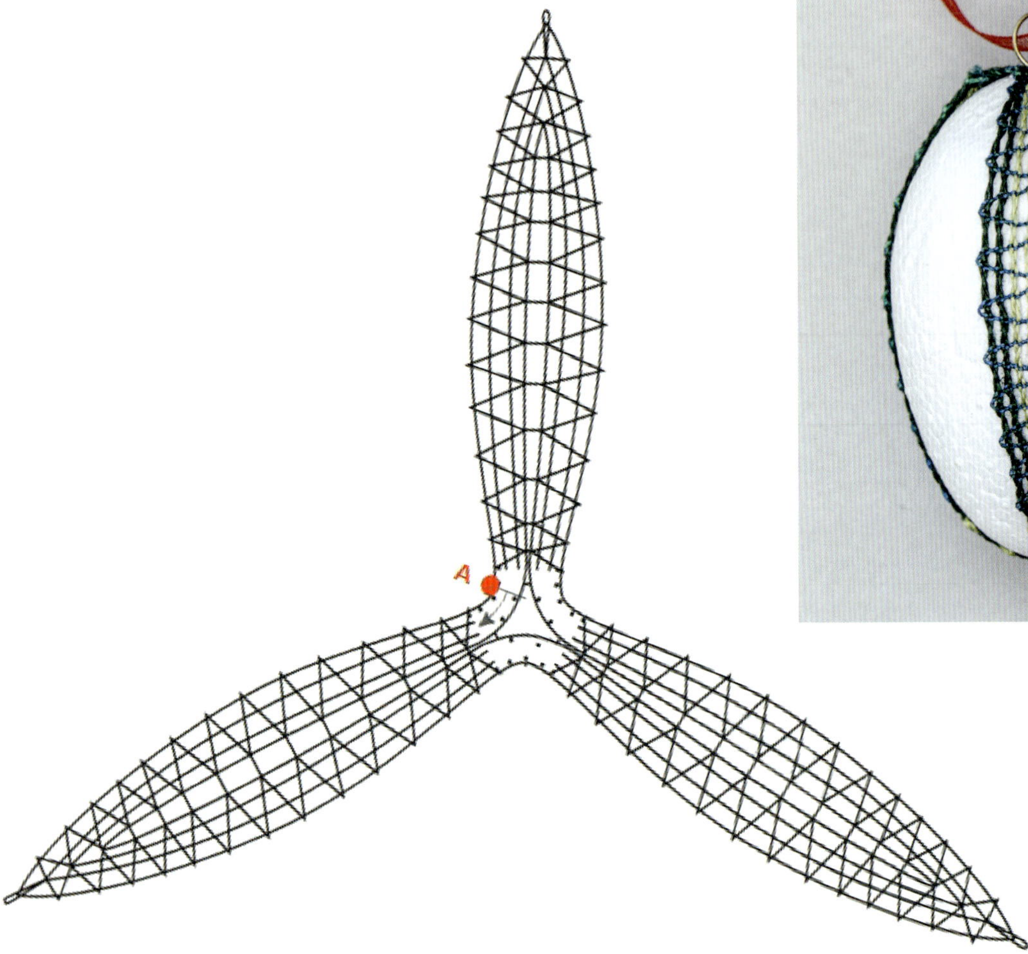

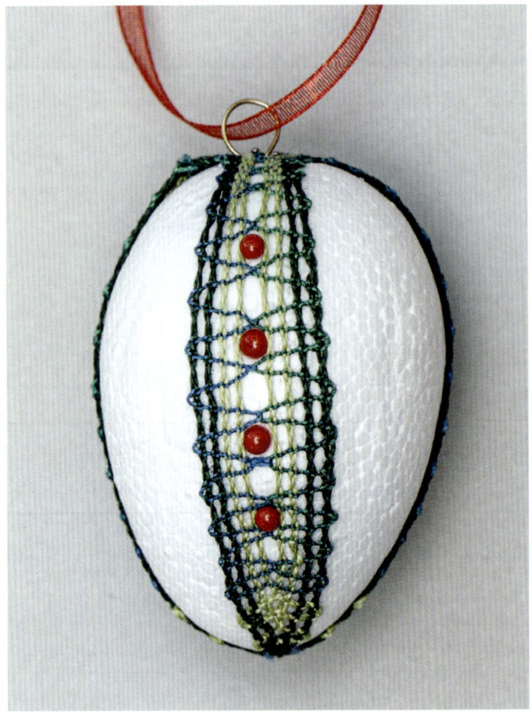

IDRIJA-EI – SLOWENIEN

Material:	5 Klöppelpaare davon:	2 Paare Perlgarn Nr. 8 hellgrün
		2 Paare Perlgarn Nr. 8 dunkelgrün
		1 Paar Baumwolle 80 dunkelgrün
	1 Styropor-Ei	
	12 Stecknadeln mit rotem Kopf (oder Perlen)	
	1 Band zum Aufhängen	
Ausführung:	Idrija-Technik	

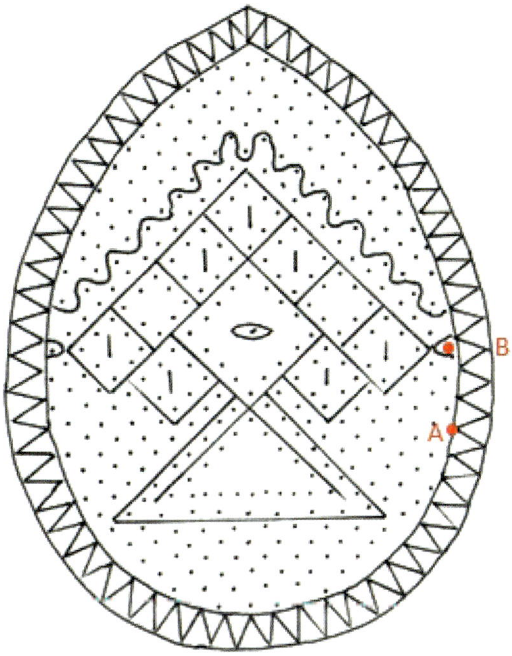

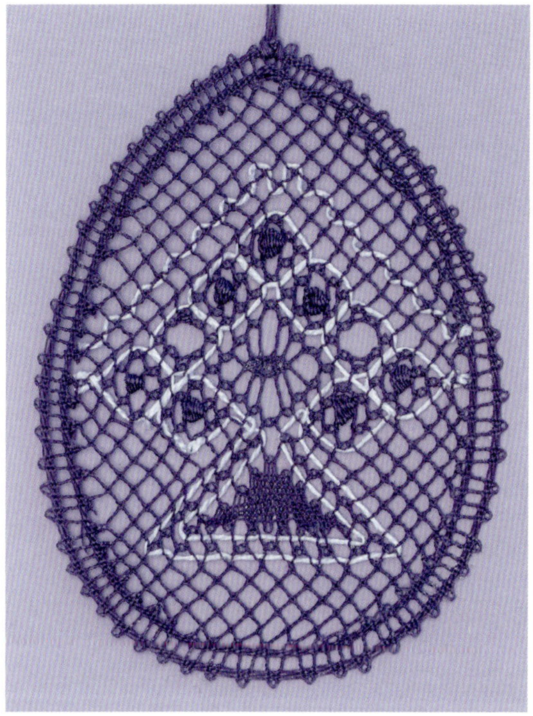

PENICHE-EI – PORTUGAL

Material:	Baumwolle 80 4 Konturfäden; Perlgarn Nr. 8	
	Rand:	5 Klöppelpaare
	Grund:	38 Klöppelpaare
Ausführung:	Rand:	5 Klöppelpaare, Baumwolle 80. Bei **A** beginnen.
	Füllung:	In „Peniche"-Technik. Bei **B** beginnen.

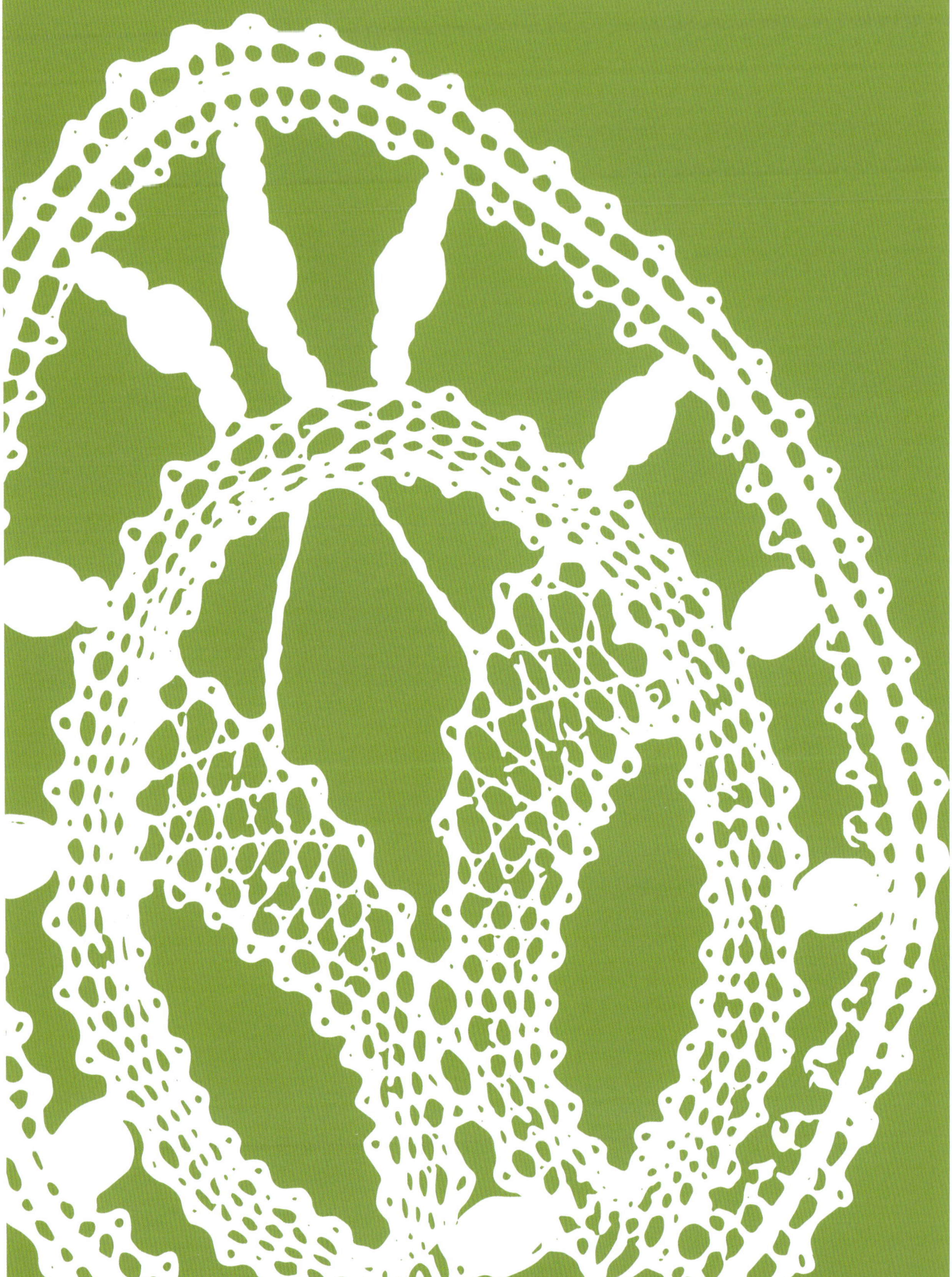

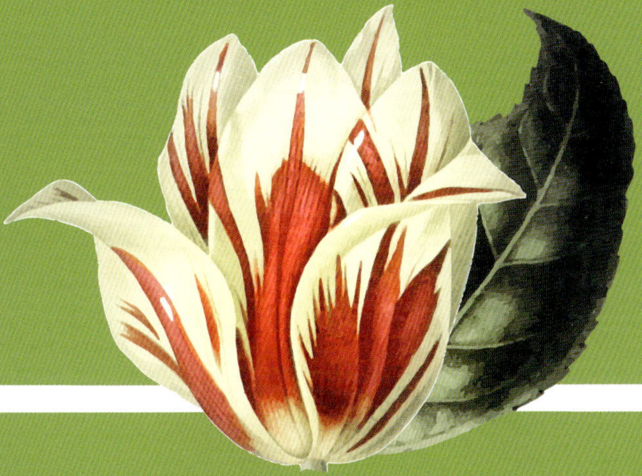

Ostereier mit Perlen

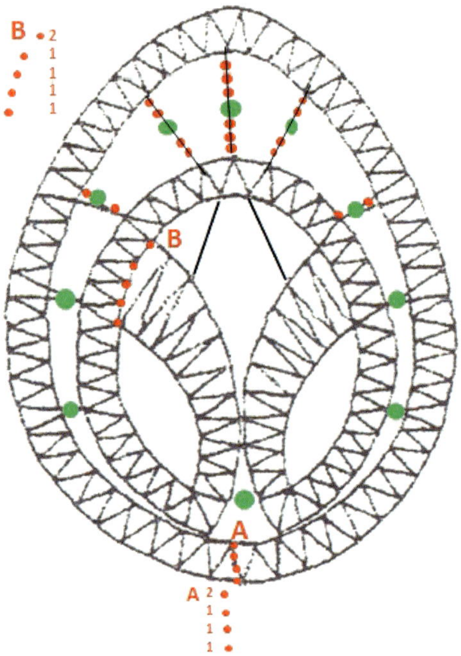

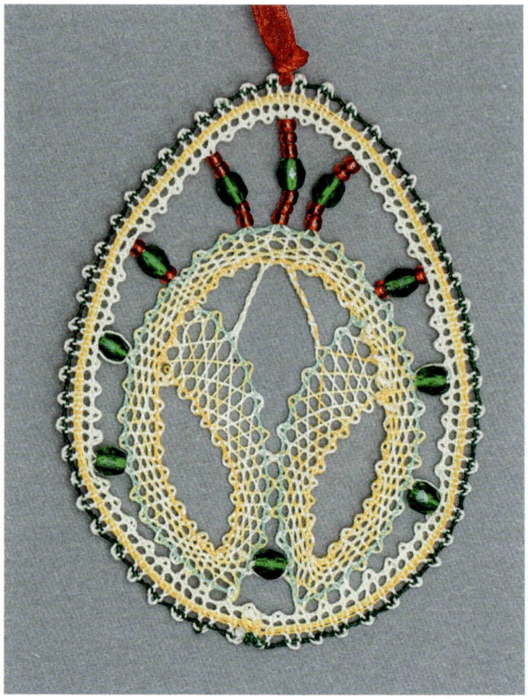

OSTEREI MIT PERLEN 01

Material: 11 Klöppelpaare; Farbe und Perlen nach Wahl.

Ausführung:

Rand: 5 Klöppelpaare;
Ganzschlag, 2 x Leinenschlag, Ganzschlag

Füllung: 6 Klöppelpaare;
Ganzschlag, 4 x Halbschlag, Ganzschlag
Die Perlen mit einarbeiten.

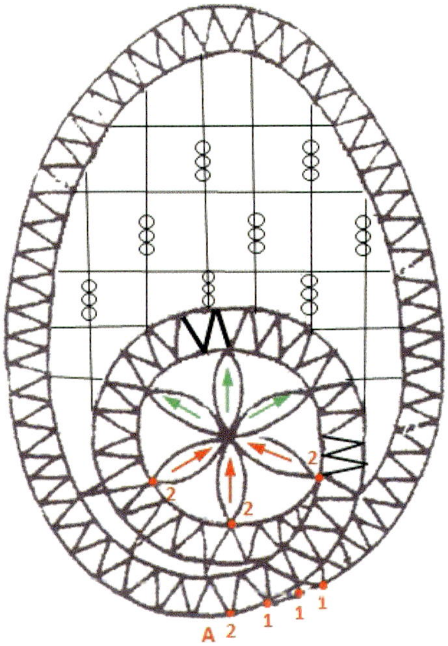

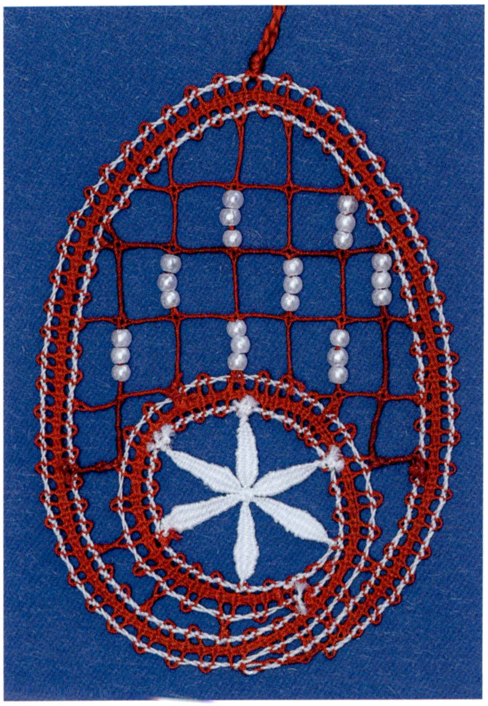

OSTEREI MIT PERLEN 02

Material: Baumwolle 80 rot und weiß; 24 Perlen

Ausführung: Innenkreis: Sechserverbindung

Füllung: 9 Klöppelpaare; die Perlen einfügen (siehe Abbildung).

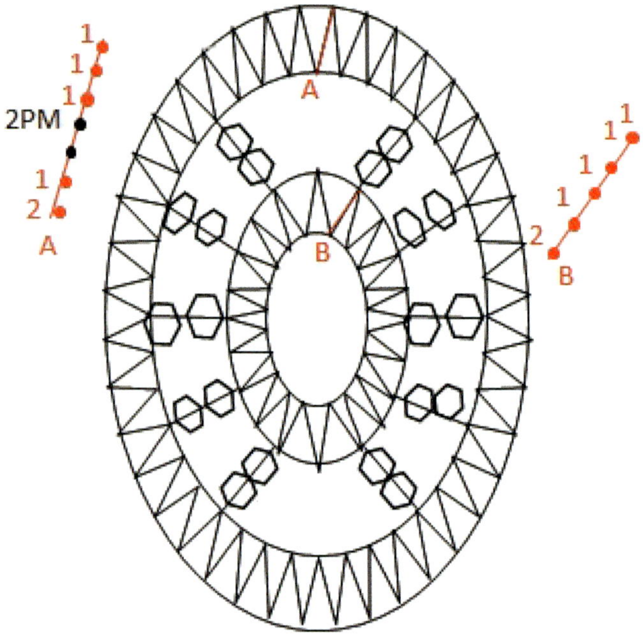

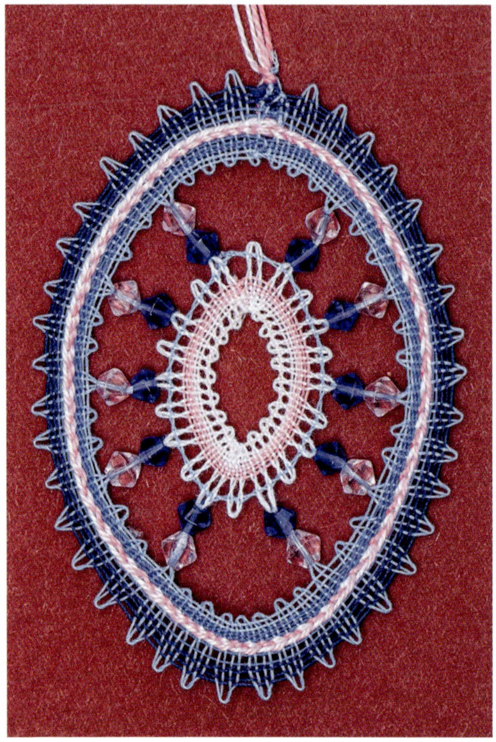

OSTEREI MIT PERLEN 03

Material: 11 Klöppelpaare Baumwolle 80;
2 Klöppelpaare Perlgarn Nr. 8 für Maschenschlag (2 PM)
20 Perlen, Farbe nach Wahl

Ausführung:

Rand: 3 x Leinenschlag, Maschenschlag und 2 x Leinenschlag.

Innenkreis: Ganzschlag, 3 x Leinenschlag, Ganzschlag.

Rand und Innenkreis gleichzeitig klöppeln!

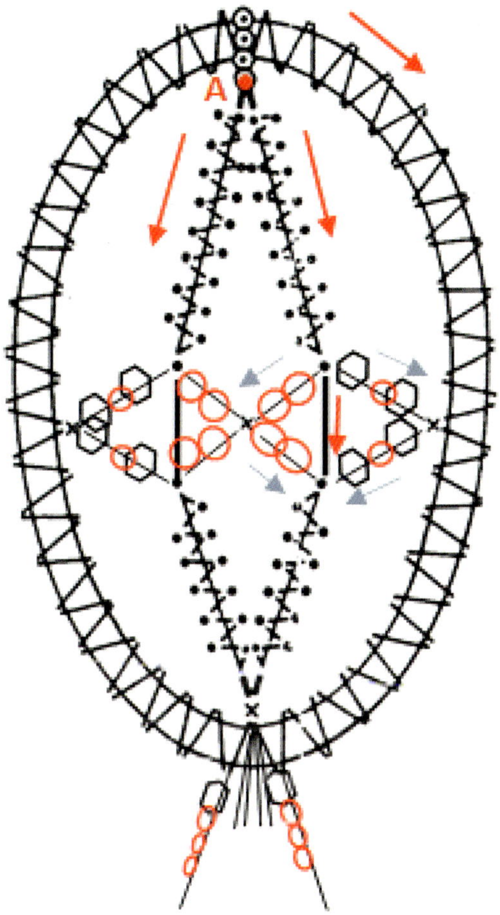

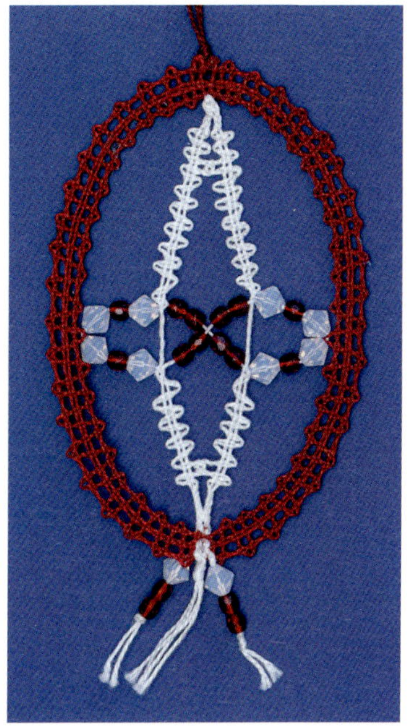

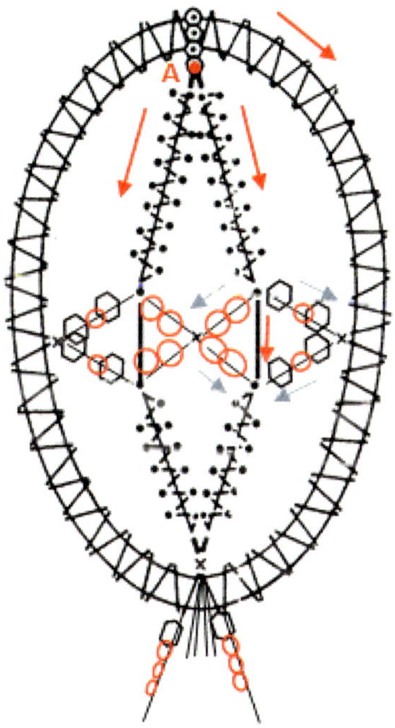

OSTEREI MIT PERLEN 04

Material: Baumwolle 80 oder Perlgarn Nr. 8 nach Wahl.
Für großes Ei Perlgarn Nr. 8.

Ausführung: Mit je 2 Klöppelpaaren das Leinenband bis zur Mitte arbeiten:
2 Klöppelpaare laufen links, die anderen 2 Klöppelpaare rechts
Die Perlen werden gleich aufgefädelt.

X am Rand: Faden mit dem Randpaar verbinden.

X Mitte: Faden links und Faden rechts kreuzen.

X unten: abschließen.

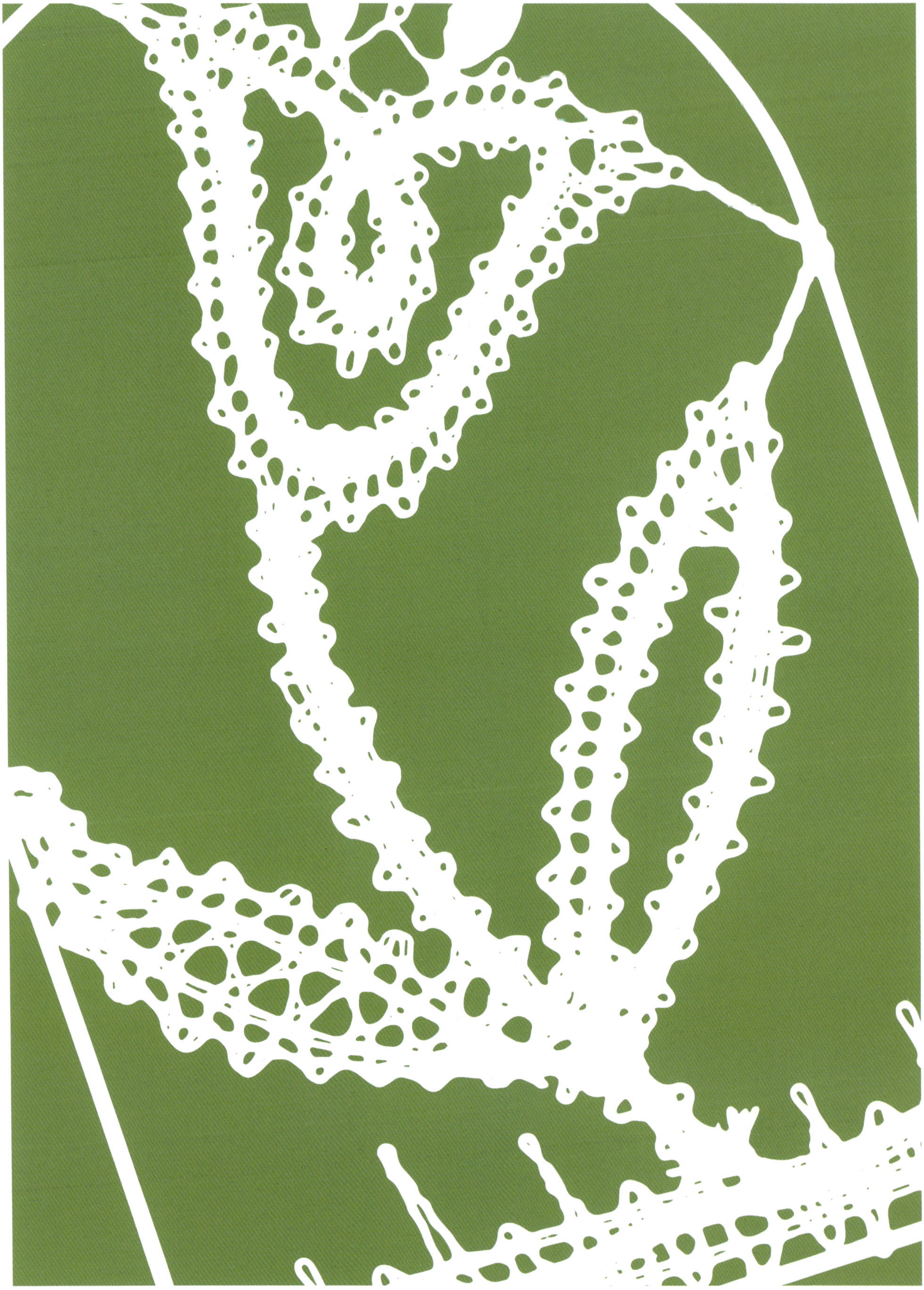

FRÜHLINGS-BILDER IM FENSTERBOGEN

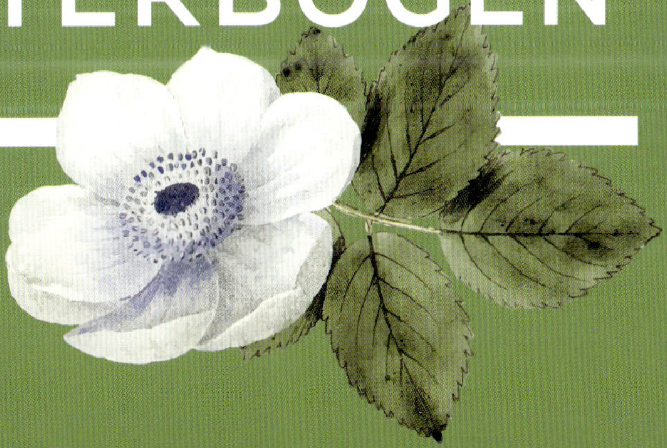

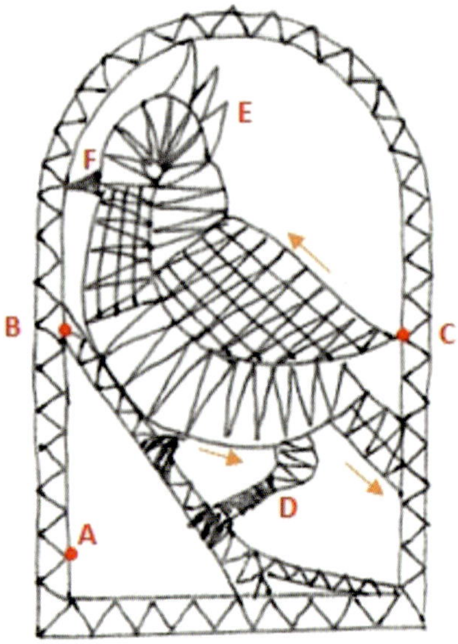

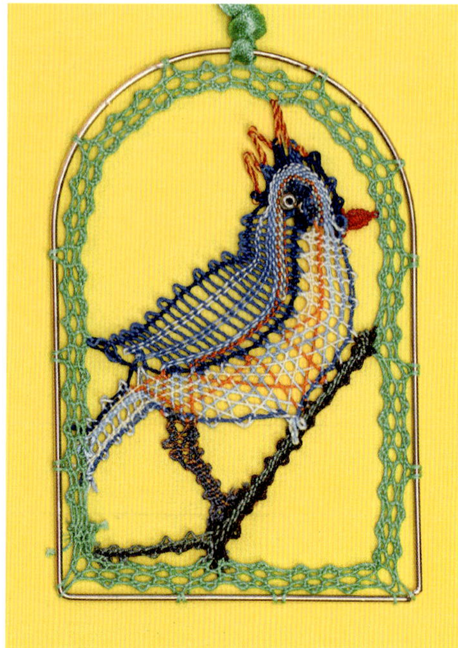

BUNTER VOGEL

Material: Baumwolle 80; Farbe nach Wahl;
vergoldeter Rahmen, 7,5 cm x 5,0 cm
1 kleine Perle für das Auge.

Ausführung:

Rahmen: Bei **A** 4 Klöppelpaare;
Ganzschlag, Halbschlag, Ganzschlag.

Ast: Bei **B** 4 Klöppelpaare; Leinenschlag.

Körper: Bei **C** mit 3 Klöppelpaaren beginnen und weitere 4 Klöppelpaare aufnehmen.
Ganzschlag, Leinenschlag, Ganzschlag.
Das Laufpaar wird mehrmals gedreht.
Kopf im Leinenschlag klöppeln. Für den Rumpf 1 Paar hinauslegen und mit 6 Klöppelpaaren im Halbschlag (die Verbindungen nicht vergessen) bis zum Schwanz arbeiten. Schwanz mit 6 Klöppelpaaren klöppeln, das Laufpaar zwischen den Leinenschlägen einmal drehen.

Fuß: Bei **D** mit 3 Klöppelpaaren im Leinenschlag arbeiten.

Kamm: Bei **E** mit 2 Klöppelpaaren: Flechter

Schnabel: Bei **F** mit 2 Klöppelpaaren: Blättchen.

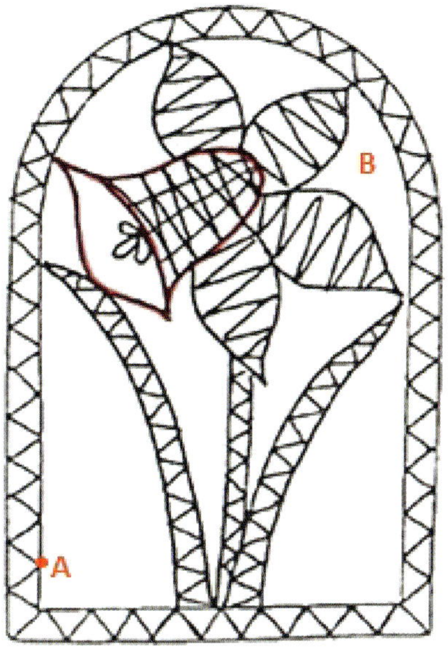

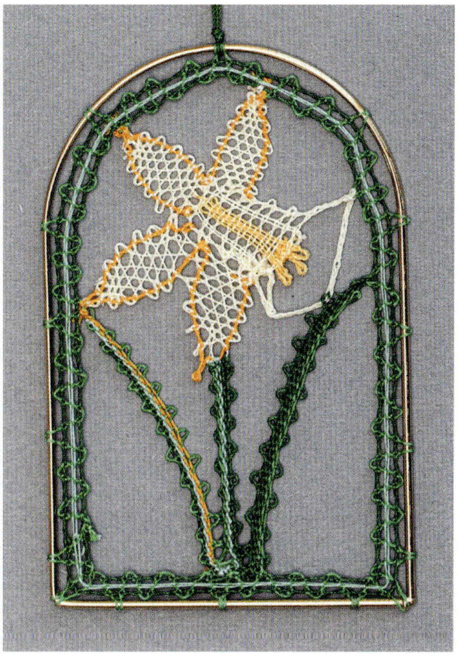

NARZISSE

Material: Baumwolle 80; Farbe nach Wahl;
vergoldeter Rahmen, 7,5 cm x 5,0 cm

Ausführung:

Rahmen: Bei **A** 4 Klöppelpaare;
Ganzschlag, Leinen- und Ganzschlag.

Blüten: Von innen nach außen mit 6 Klöppelpaaren im Halbschlag. Den Rand im Ganzschlag arbeiten.

Kelch: 8 Klöppelpaare; bei **B** 5 Klöppelpaare hellgelb anstecken.
3 Klöppelpaare orange für die Staubgefäße.
Den äußeren Kelch mit Flechter klöppeln.

Stängel: Je 4 Klöppelpaare im Leinenschlag

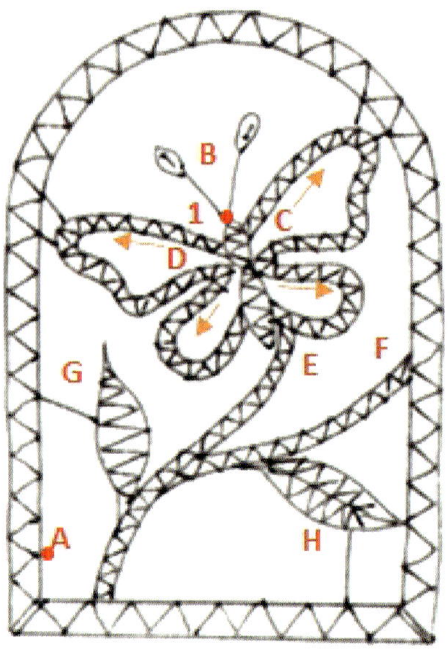

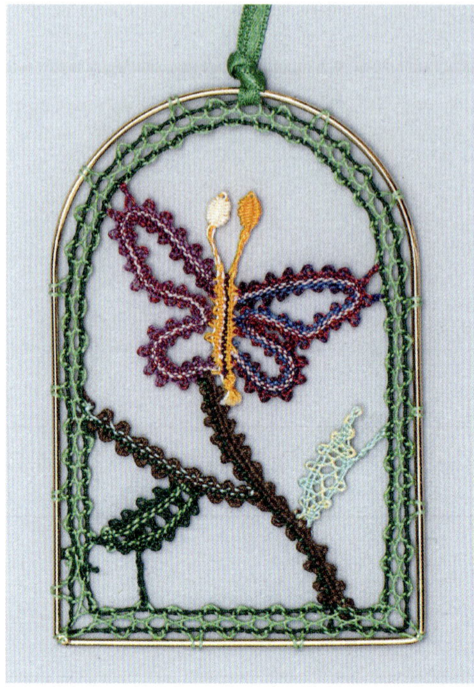

SCHMETTERLING

Material: Baumwolle 80; Farbe nach Wahl;
vergoldeter Rahmen, 7,5 cm x 5,0 cm

Ausführung:

Rahmen:	Bei **A** 4 Klöppelpaare; Ganzschlag, Halbschlag, Ganzschlag.
Fühler:	Bei **B** 4 Klöppelpaare, Blättchen, Flechter.
Rumpf:	1 Klöppelpaar aufnehmen und mit 5 Klöppelpaaren den Körper klöppeln.
Flügel:	4 Klöppelpaare. Rechts bei **C** bzw. links bei **D** beginnen und im Leinenschlag arbeiten.
Stängel:	Beide Stängel **E** und **F** im Leinenschlag.
Blatt **G**:	4 Klöppelpaare: Leinenschlag
Blatt **H**:	3 Klöppelpaare: Leinenschlag, Halbschlag, Leinenschlag

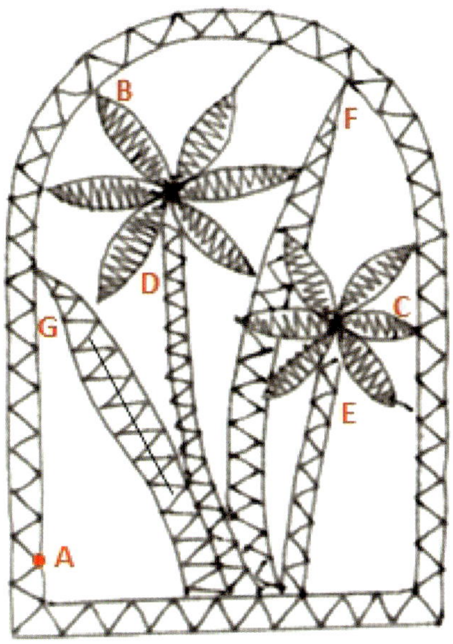

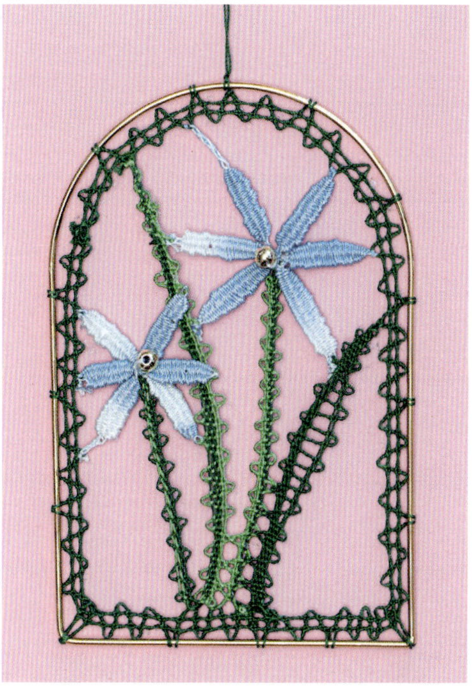

BLAUSTERN

Material: Baumwolle 80; Farbe nach Wahl; vergoldeter Rahmen, 7,5 cm x 5,0 cm

Ausführung:

Rahmen: Bei **A** 3 Klöppelpaare; Ganzschlag

Blüten: Bei **B** und **C** 6 Klöppelpaare, Blättchen mit Sechserverbindung

Stängel: **D**, **E**, **F**, **G**: 3 Klöppelpaare: Leinenschlag
Bei Stängel **G** in der Mitte Laufpaar 1 x oder 2 x drehen.

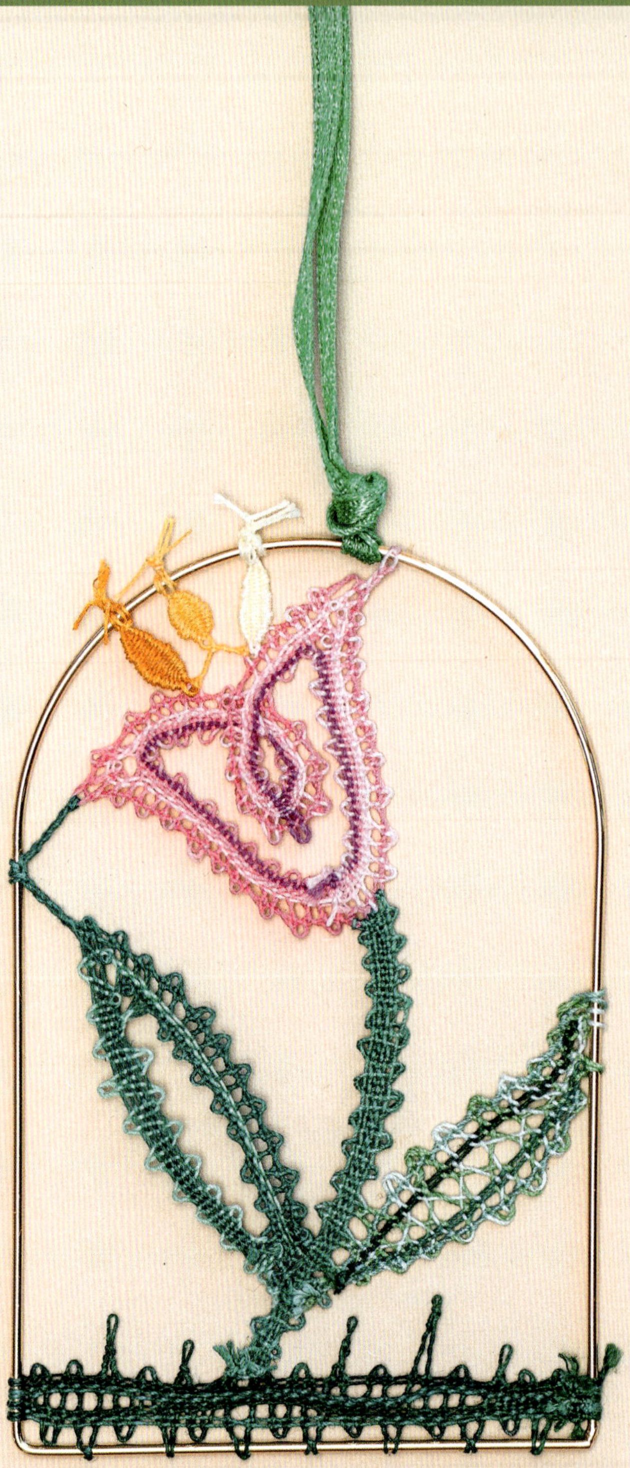

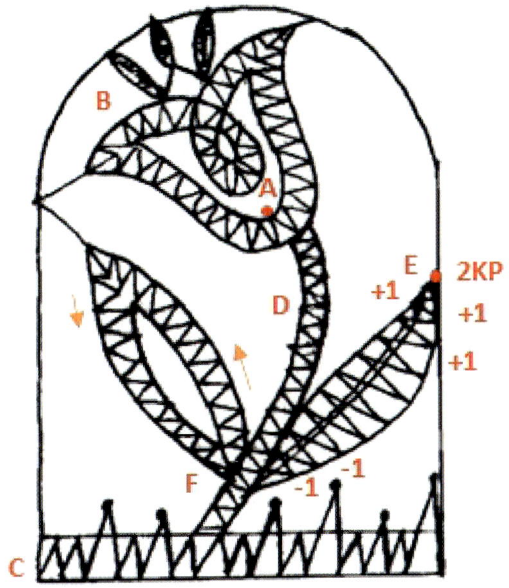

TULPE

Material:

Baumwolle 80; Farbe nach Wahl;
vergoldeter Rahmen, 7,5 cm x 5,0 cm

Tulpe:	5 Klöppelpaare und 3 x 2 Klöppelpaare für die Blütenstaubblättchen
Stängel:	4 Klöppelpaare
Blätter:	4–5 Klöppelpaare
Wiese:	5 Klöppelpaare

Ausführung:

Tulpe:	Bei **A** mit 5 Klöppelpaaren beginnen; 3 x Leinenschlag und Ganzschlag. Bei **B** den Blütenstaub mit drei Blättchen klöppeln.
Wiese:	Bei **C** 5 Klöppelpaaren: Leinenschlag, wobei an verschiedenen Stellen das Laufpaar ein oder mehrmals gedreht wird.
Stängel:	Bei **D** 4 Klöppelpaaren: Leinenschlag
Rechtes Blatt:	Bei **E** 5 Klöppelpaaren: Ganzschlag, Leinen-, Halb-, Leinen- und Ganzschlag.
Linkes Blatt:	Bei **F** 4 Klöppelpaaren: Ganzschlag, 2 x Leinenschlag. Die zweite Hälfte nur Leinenschlag.

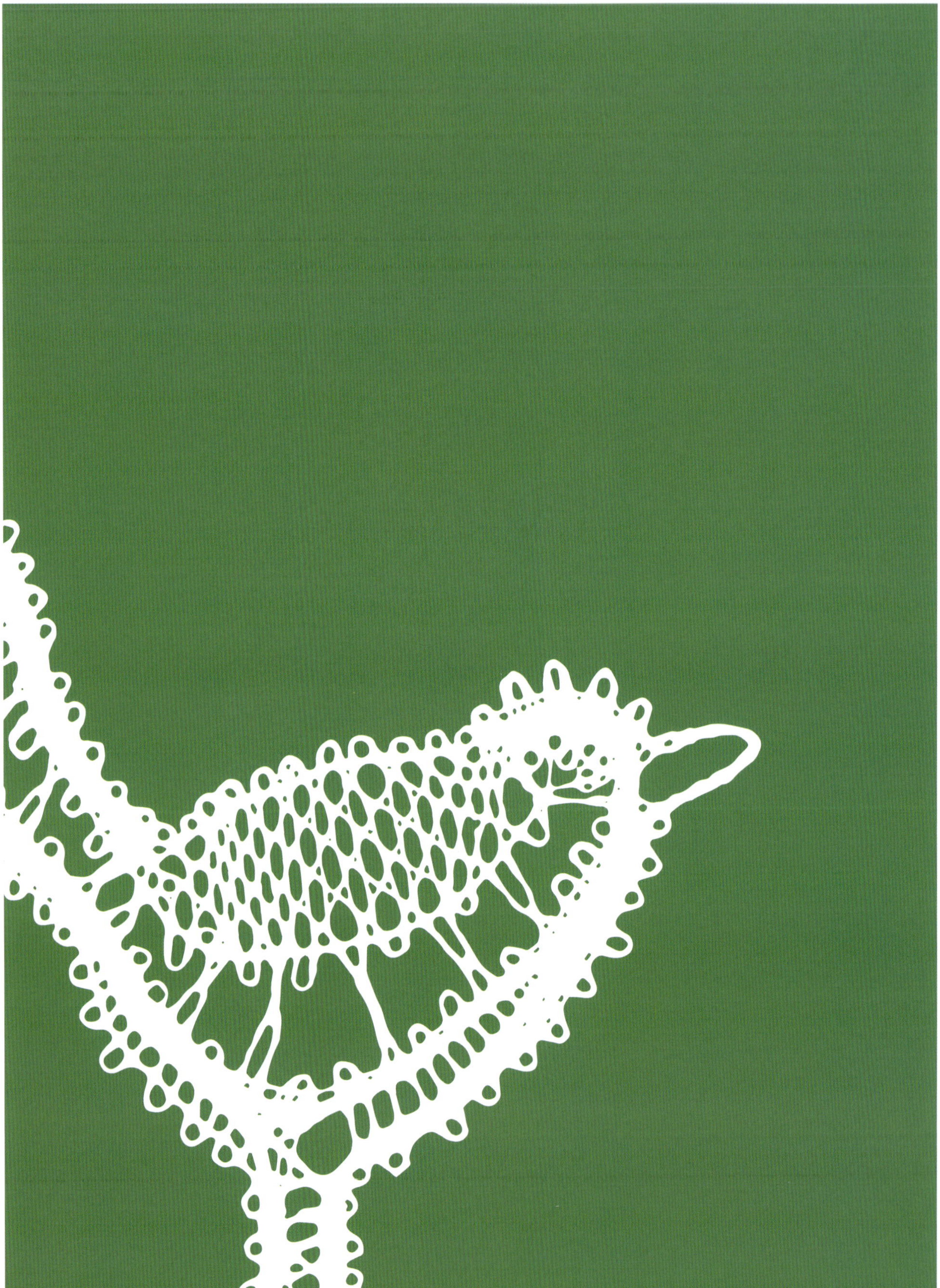

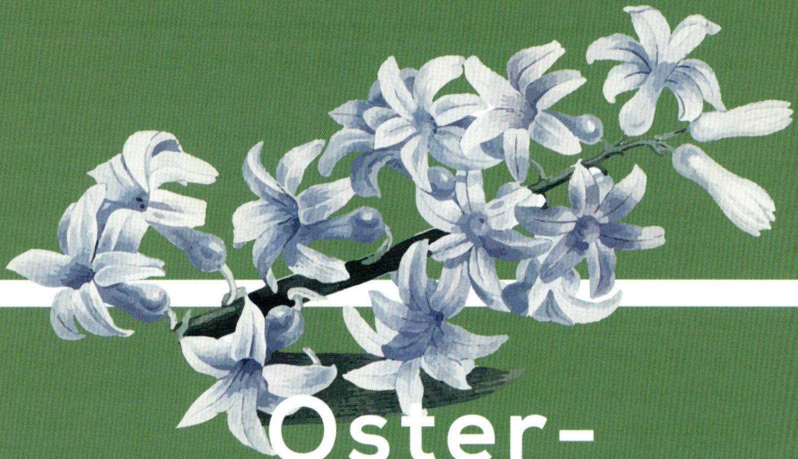

Oster-Dekorationen

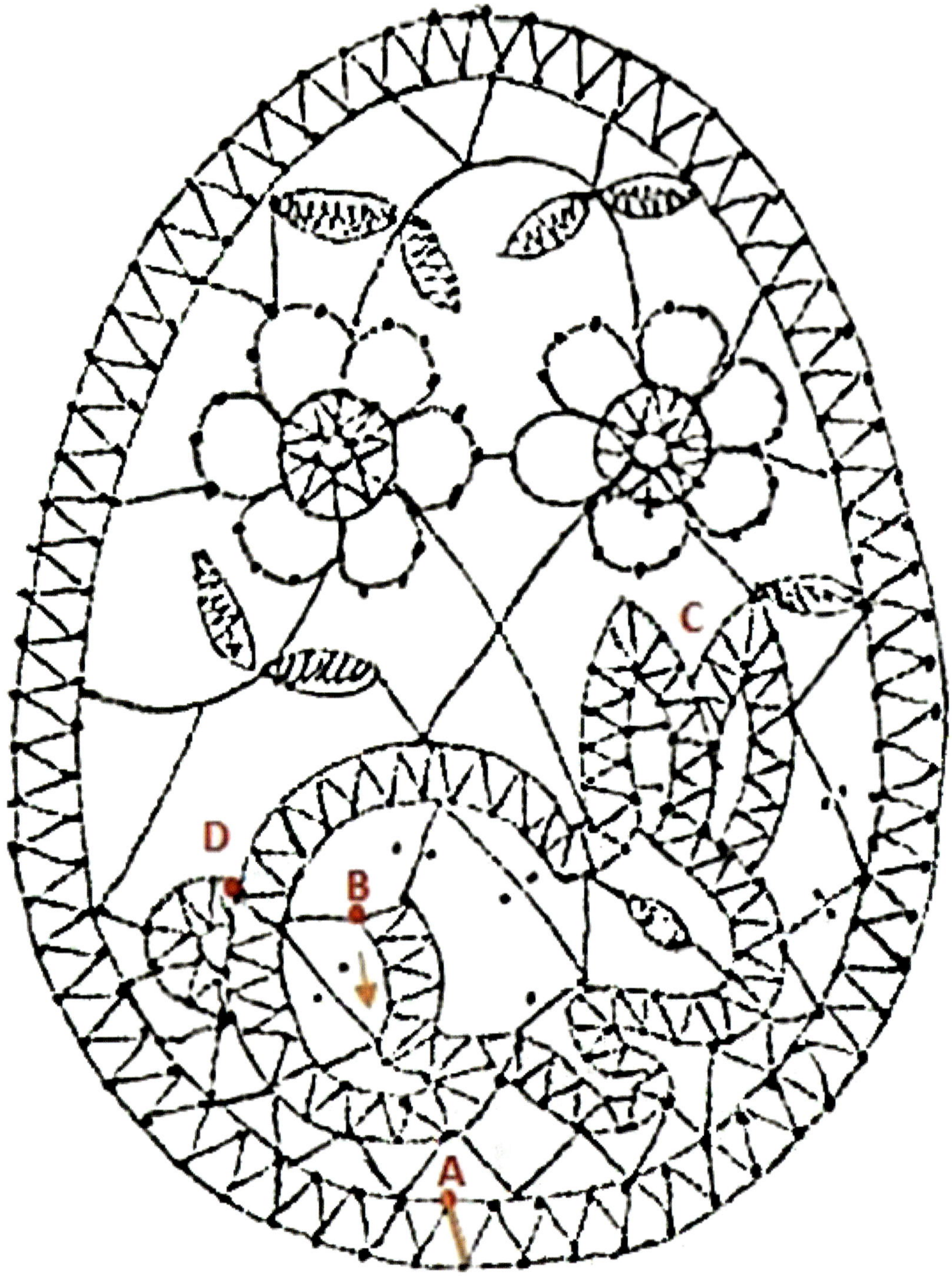

A2111

HÄSCHEN IN DER GRUBE (mit Perlgarn Nr. 8)

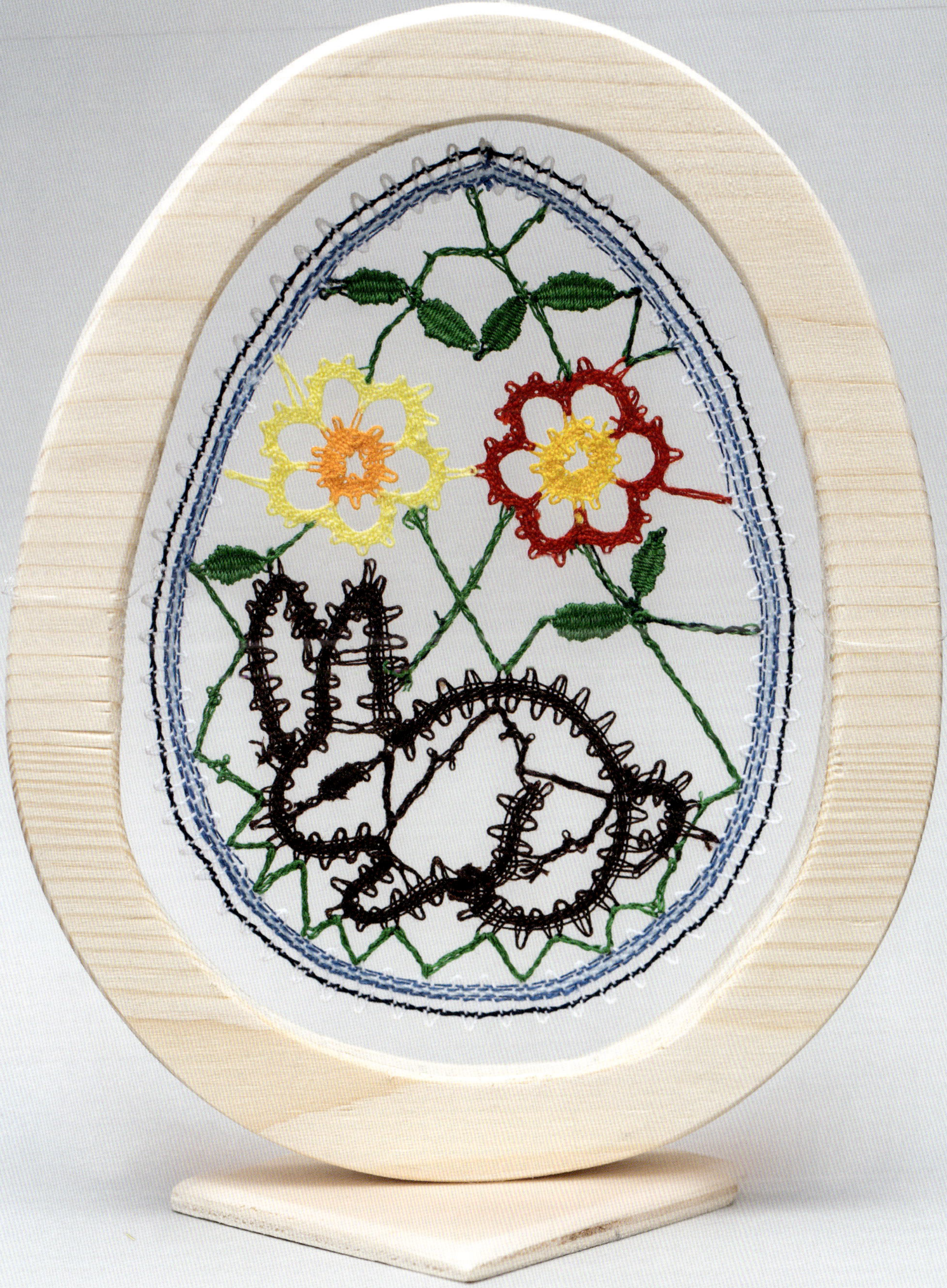

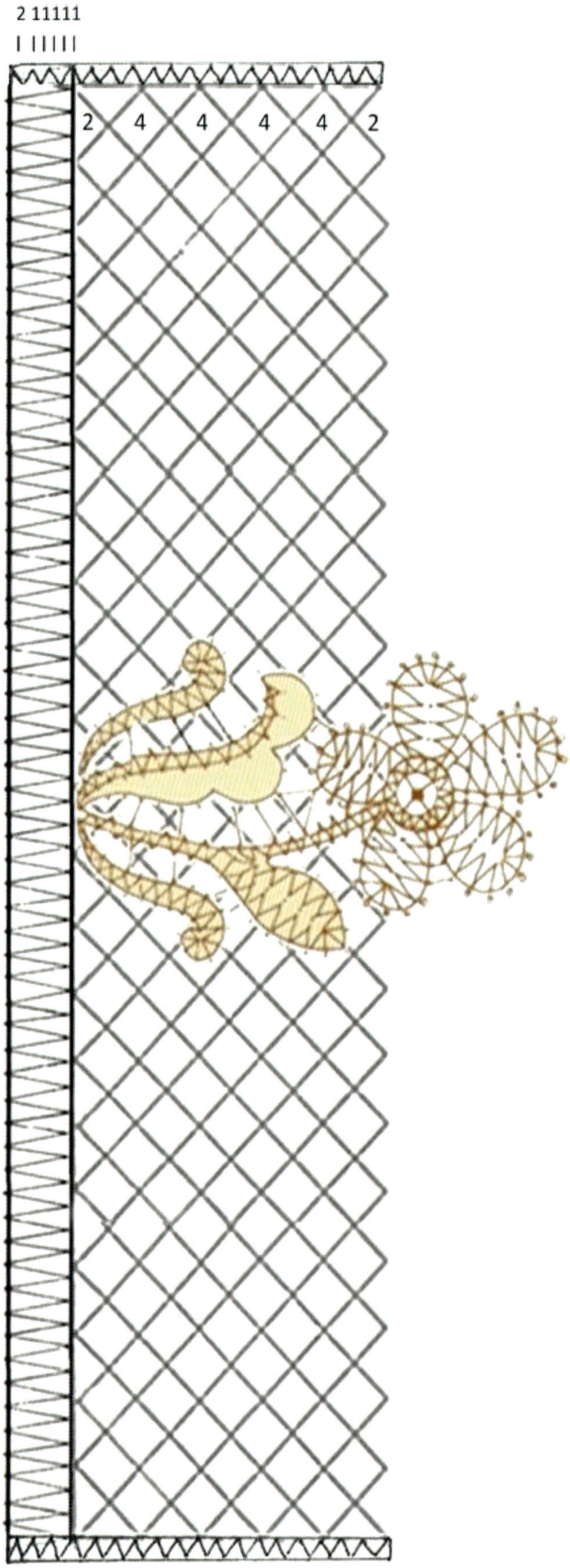
2 11111
2 4 4 4 4 2

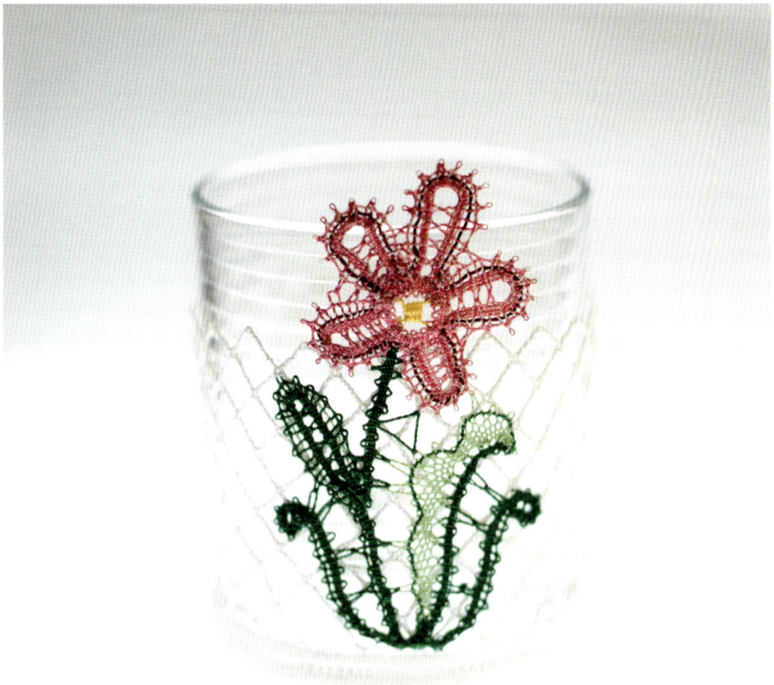

GLASDEKORATION

Material:	Innenring:	5 Klöppelpaare Baumwolle 80 rosa meliert und 2 Klöppelpaare Füllung Formschlag gelb
	Blüte:	5 Klöppelpaare Baumwolle 80 rosa meliert und 1 Konturfaden Baumwolle 60 gelb
	1. Blatt:	5 Klöppelpaare Baumwolle 80 dunkelgrün und 1 Konturfaden Baumwolle 60 weiß
	2. Blatt:	5 Klöppelpaare Baumwolle 80 dunkelgrün und 5 Klöppelpaare Baumwolle 80 hellgrün
Ausführung:	Blütenblätter:	Ösenrand.
	Füllung:	Formschlag Karo
	Dreieck:	1 Klöppelpaar
	Blüte:	Siehe Buch "Klöppeln. 40 Muster der Grazer Spitze", Seite 20

Die Größe muss eventuell an den Glasumfang angepasst werden.

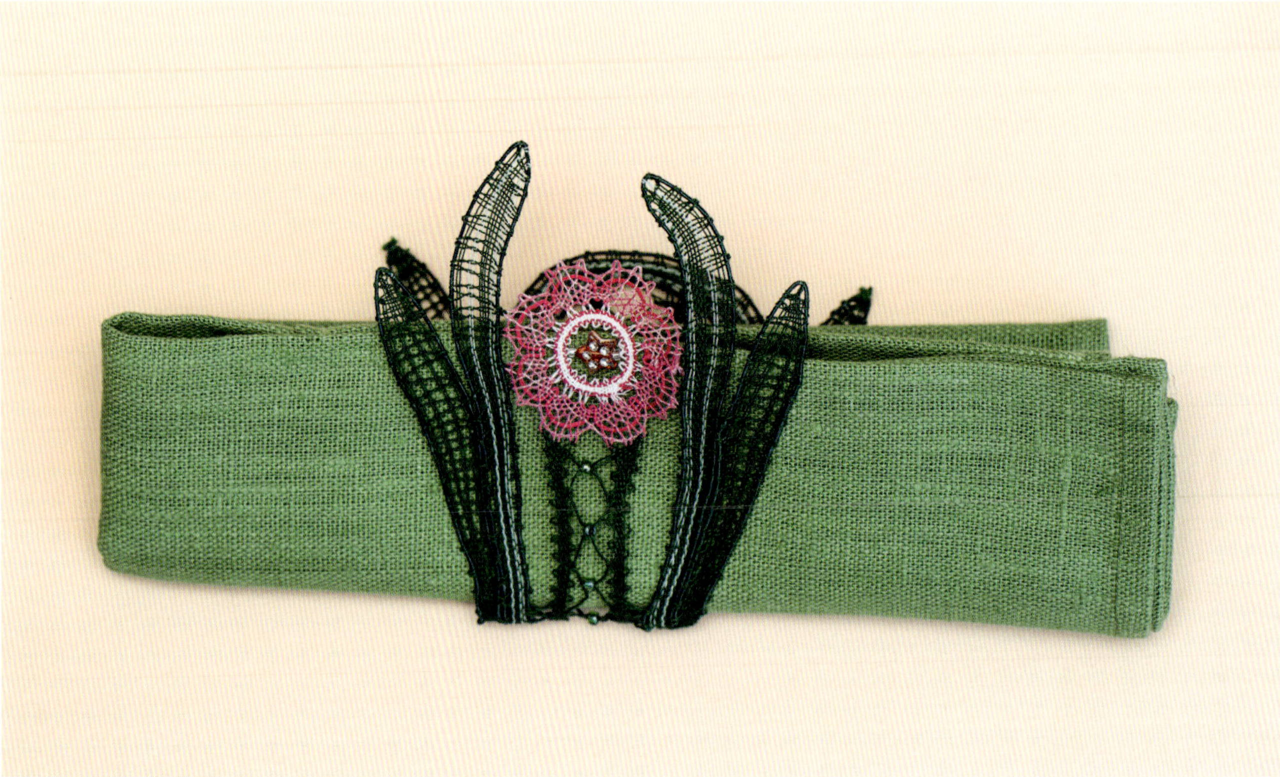

SERVIETTE

Material: Baumwolle 80, Farbe nach Wahl, Gimpe, 1 große Perle, 10 kleine Perlen

Ausführung: Grazer Blüte

Mittlerer Teil: 8 Klöppelpaare, Einfügen der Perlen (siehe Anhang, S. 89)

Blätter: Je Blatt 5 Klöppelpaare und am Rand wird eine Gimpe umklöppelt.

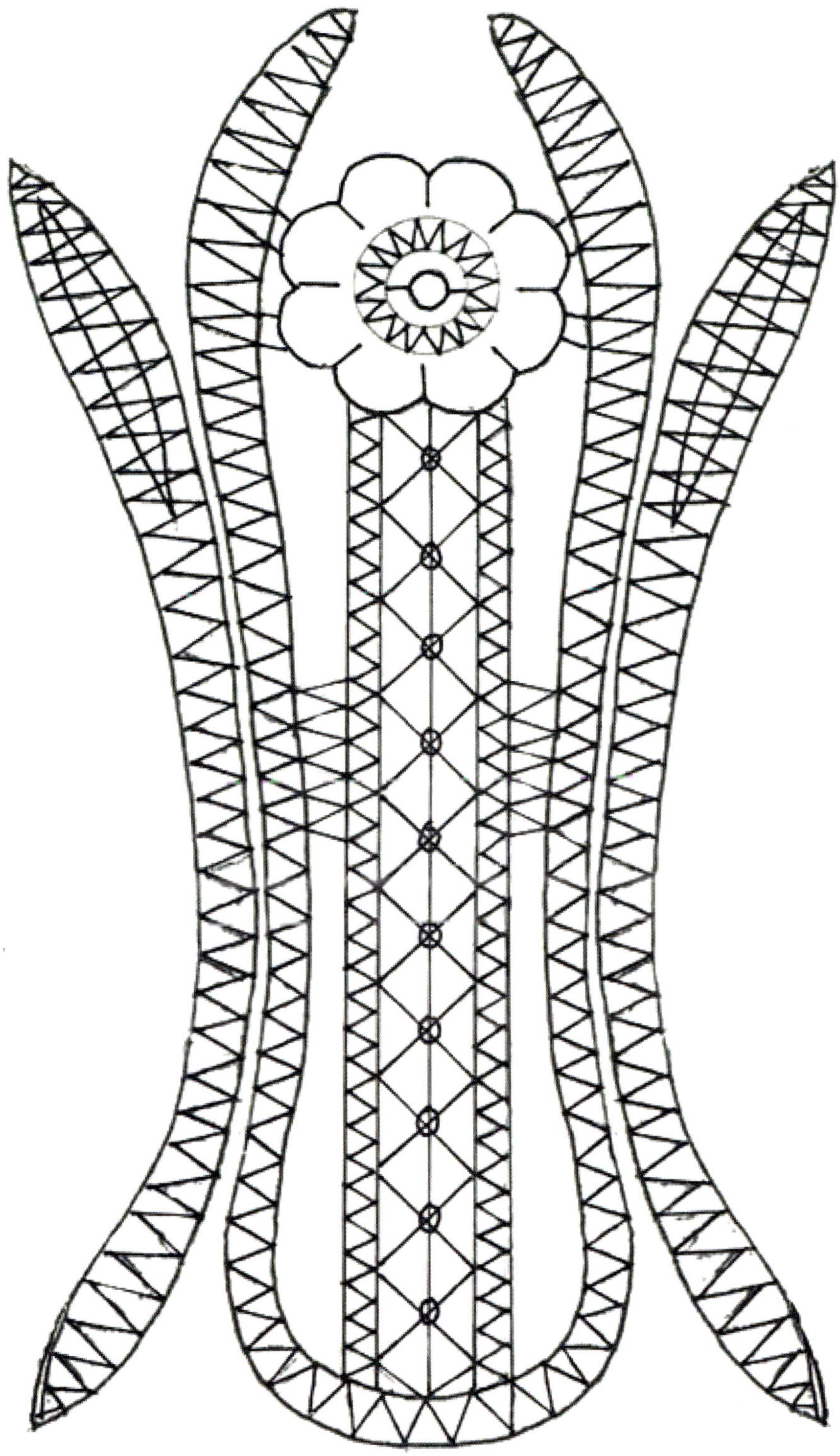

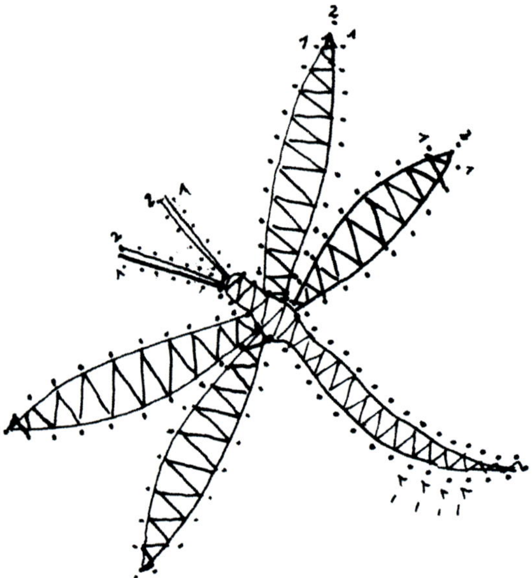

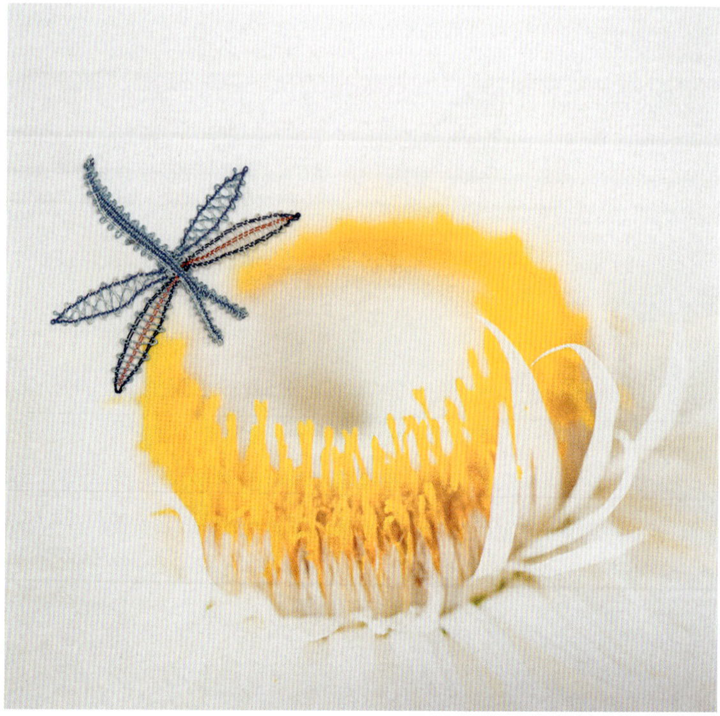

LIBELLE

Material: 6 Klöppelpaare; Baumwolle 80 färbig oder meliert; Glitzergarn Madera Art. Nr. 8004

Ausführung:

1. Man beginnt mit je 3 Klöppelpaaren mit den Fühlern im Leinenschlag.
2. Man klöppelt den Körper mit 6 Klöppelpaaren weiter.
3. Um recht schmal zu schließen, wird gegen Ende 4 x 1 Klöppelpaar hinausgelegt und man endet mit 2 Klöppelpaaren.
4. Die beiden oberen Flügel werden mit 5 Klöppelpaaren (4 Klöppelpaare Baumwolle und 1 Klöppelpaar Glitzergarn) im Leinenschlag mit Drehungen dazwischen gearbeitet.
5. Die beiden unteren Flügel werden mit 4 Klöppelpaaren Ganzschlag, Halbschlag, Ganzschlag geklöppelt.

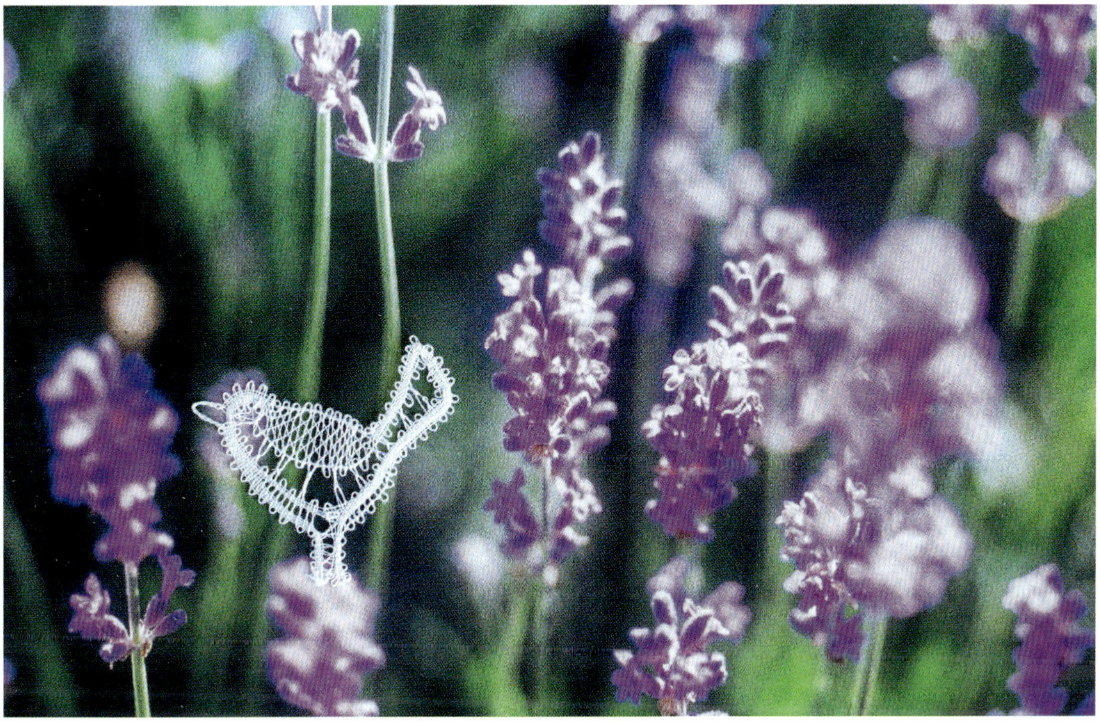

VOGEL

Folgende Vögel sind in angegebenen Größen für die Glückwunschkarte vorgesehen. Vom Original sind sie mit 45 % und 60 % reduziert worden.

Material: 3 bis 6 Klöppelpaare; Ägyptische Baumwolle 60

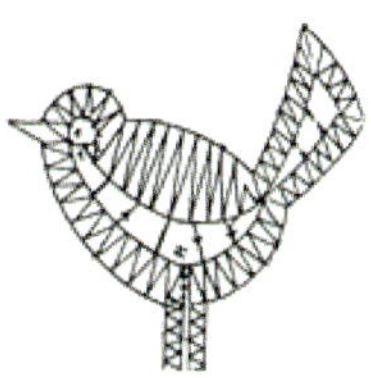

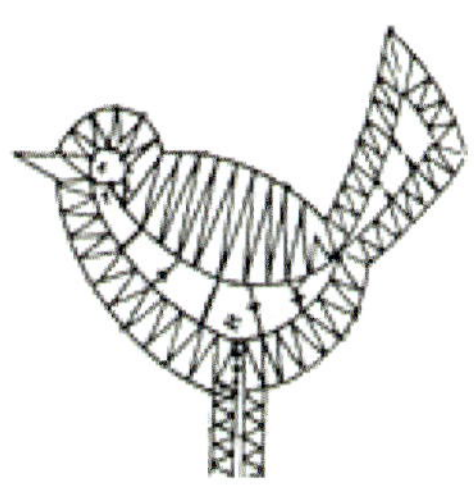

GRUNDBEWEGUNGEN

Kreuzen (kr)

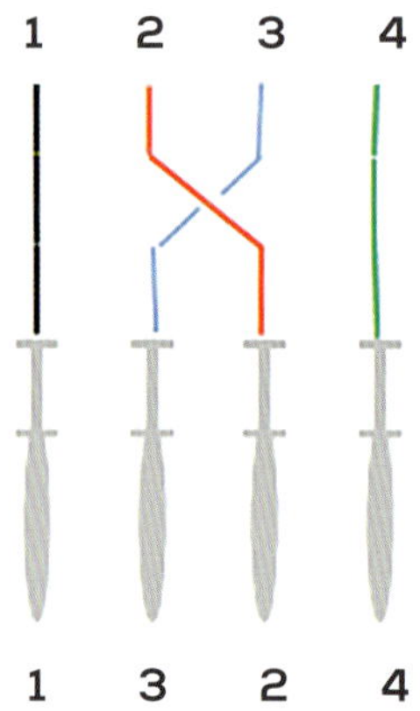

von links nach rechts

Drehen (dr)

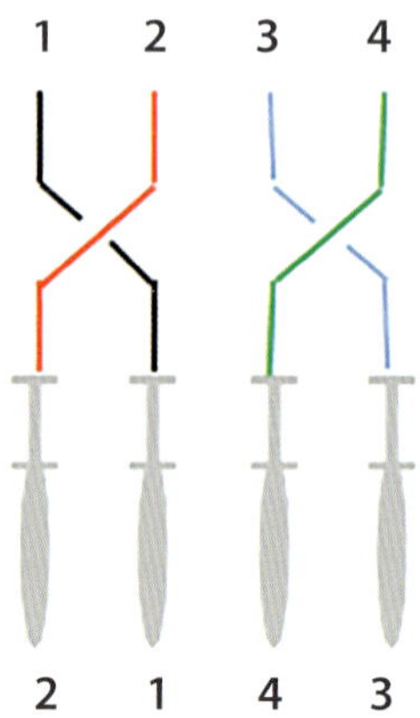

von rechts nach links

SCHLÄGE

Halbschlag

kr dr

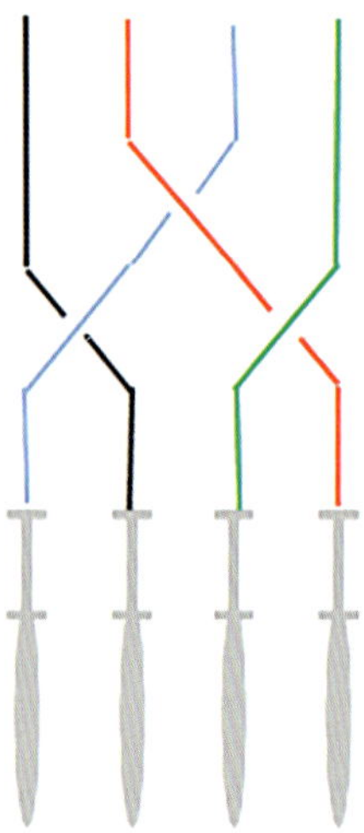

Leinenschlag
Dreiviertelschlag

kr dr kr

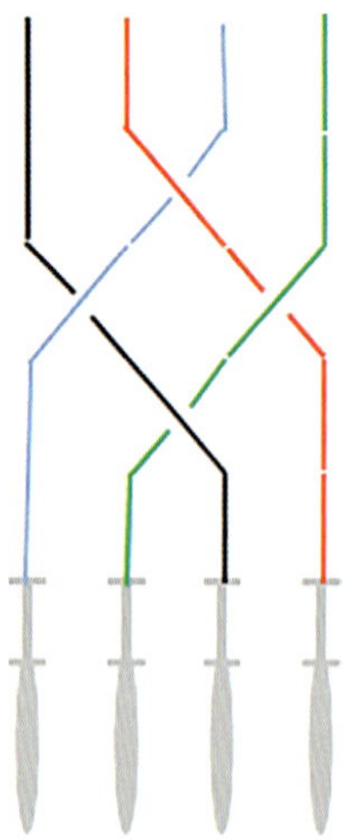

Ganzschlag

kr dr kr dr

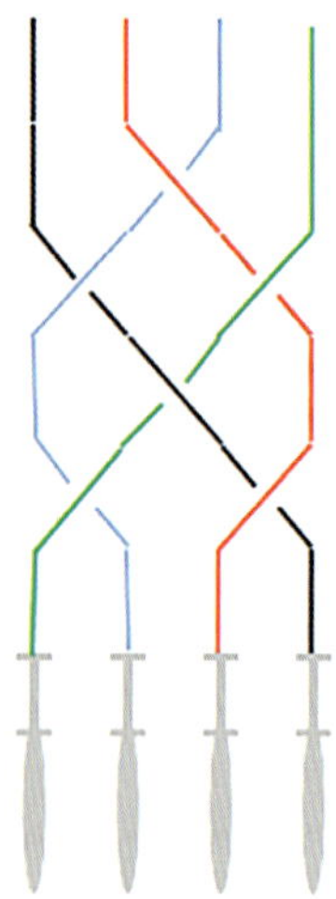

GRUNDSCHLÄGE DER KLÖPPELSPITZE UND RICHTUNG DES KONTURFADENS

Flechter 3er-Verbindung

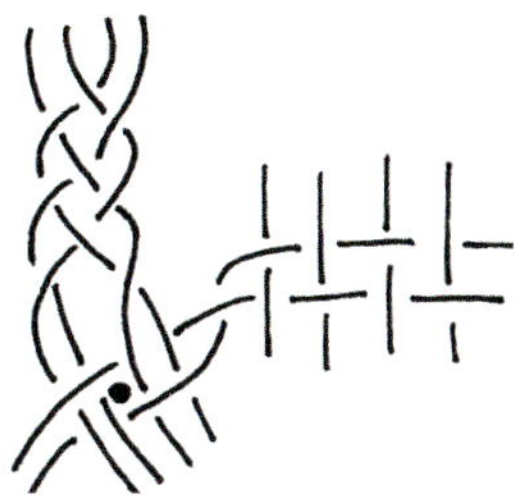

Flechter 4er-Verbindung

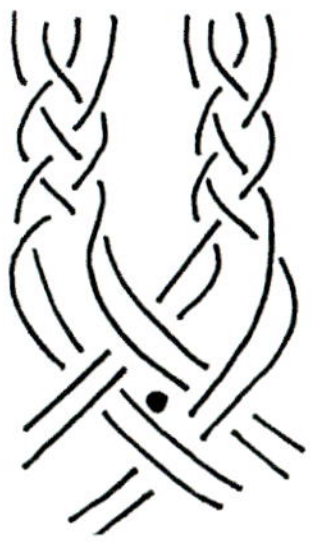

Formschlag Blatt

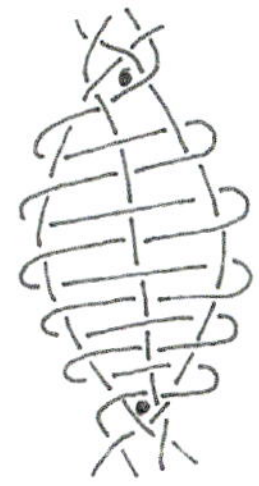

6er-Verbindung

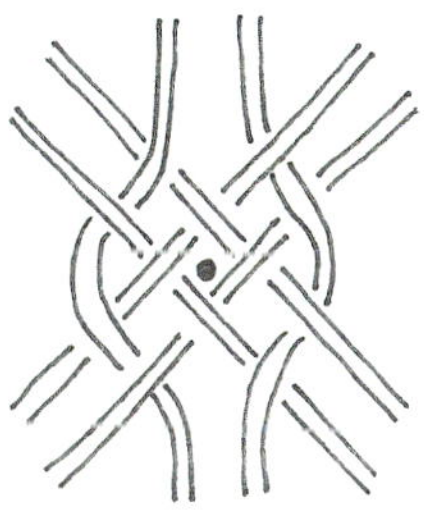

6er-Verbindung (TZ)

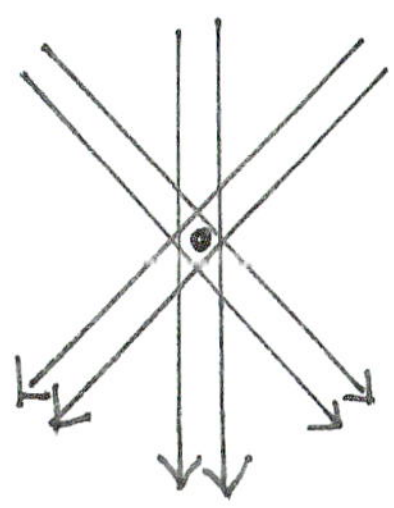

Formschlag Karo

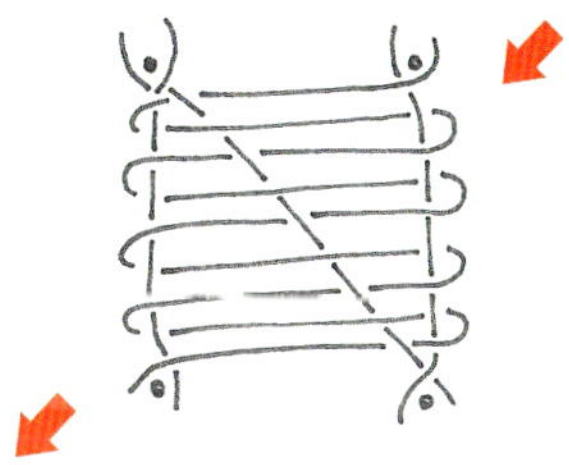

RICHTUNG DES KONTURFADENS

a. **Von rechts nach links:** Klöppelpaar 2 x drehen, Konturfaden zwischen das Klöppelpaar legen und dasselbe noch 1 x drehen

b. **Von links nach rechts:** Klöppelpaar 1 x drehen, Konturfaden zwischen das Klöppelpaar legen und dasselbe noch 2 x drehen

links

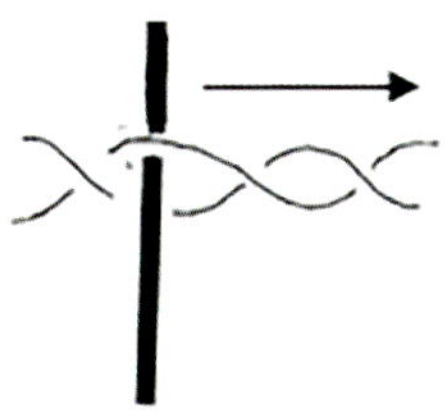

rechts

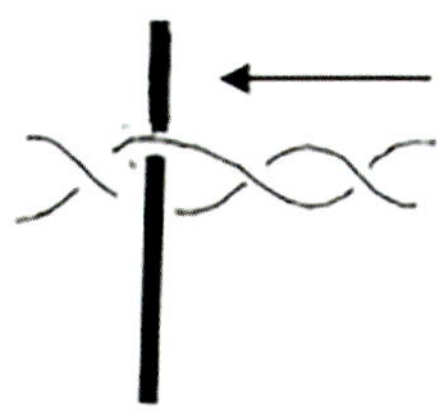

SCHRÄGER ZIERGRUND

links

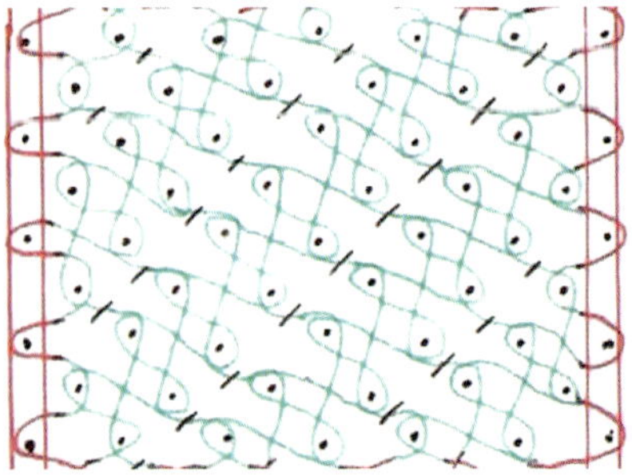

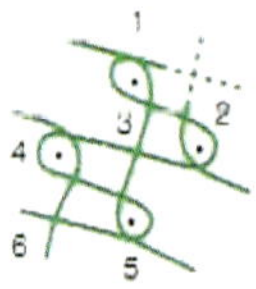

rechts

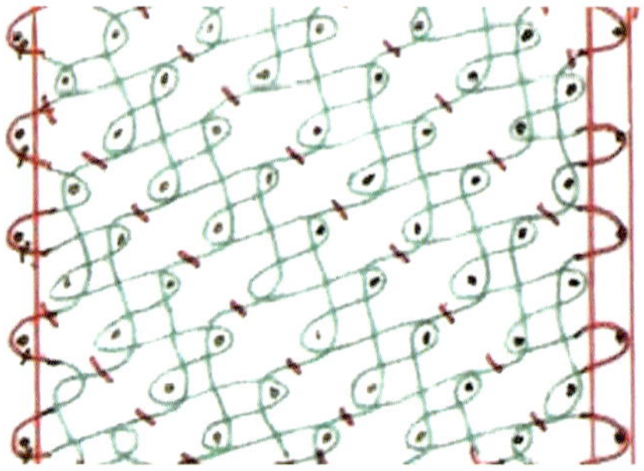

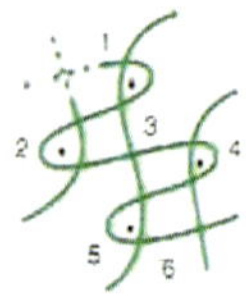

ROSENGRUND

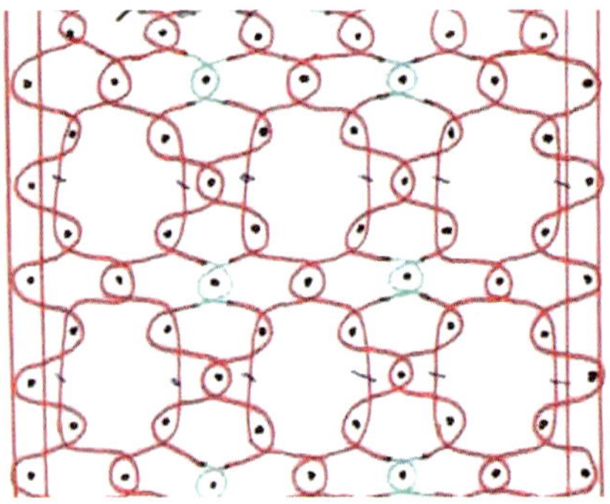

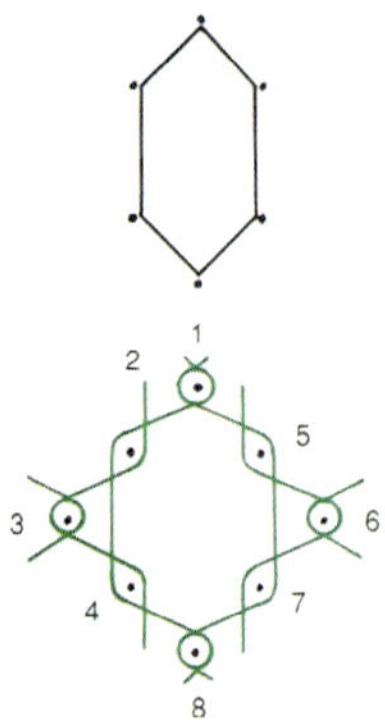

JUNGFERNGRUND

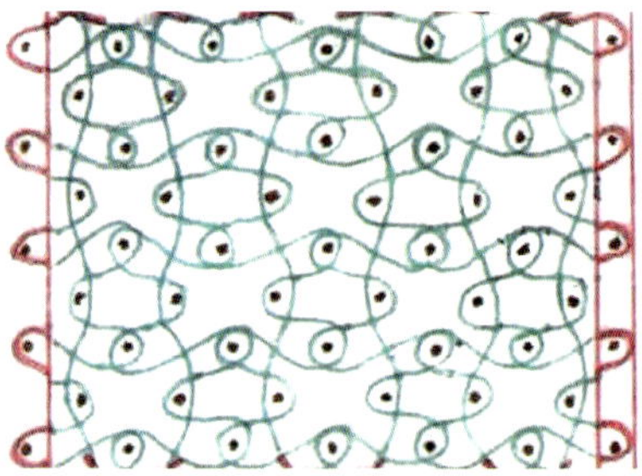

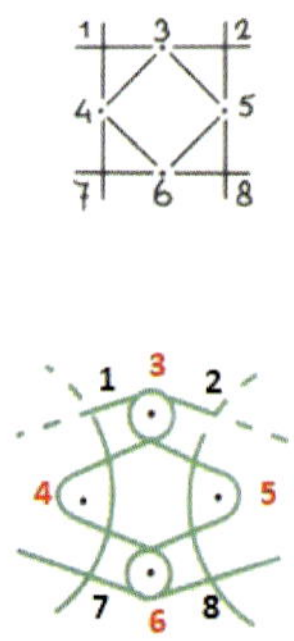

PAGODE

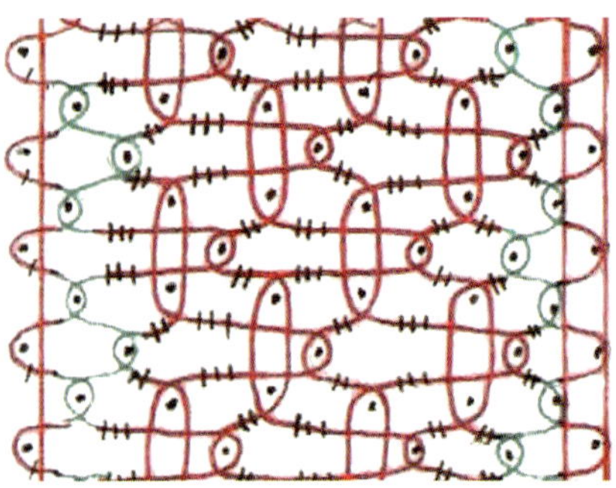

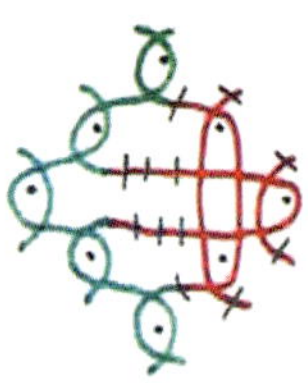

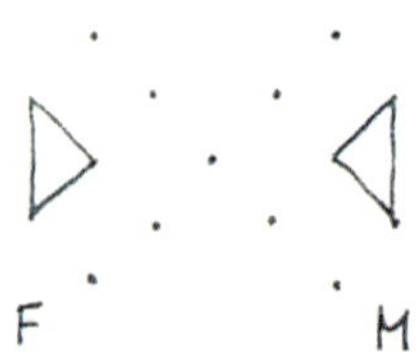

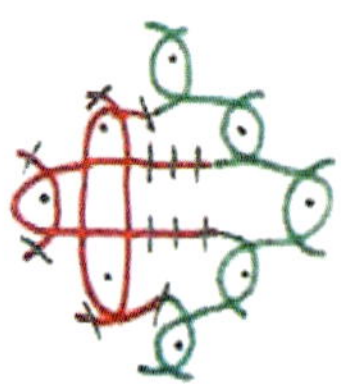

EINFÜGEN DER PERLE UND FADEN-VERLÄNGERUNG MIT WEBERKNOTEN

DAS EINFÜGEN DER PERRLE

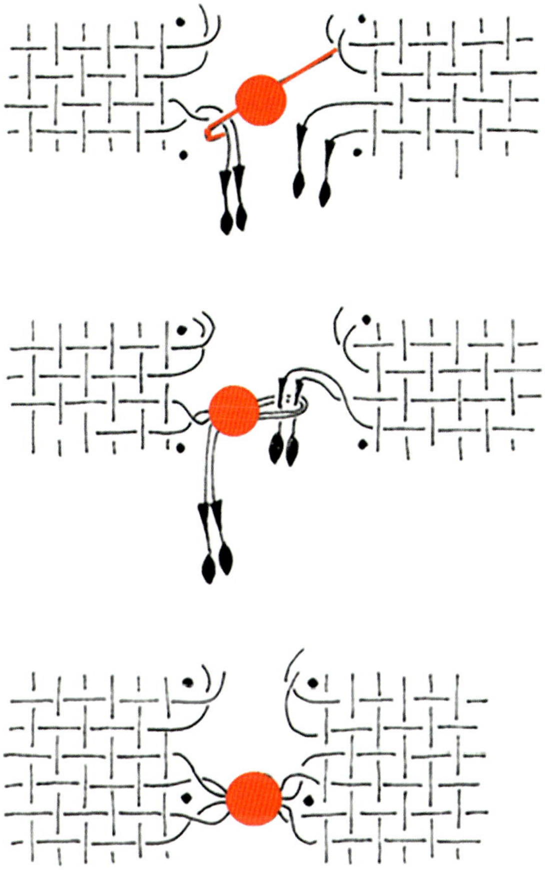

1. Bänder gleichzeitig klöppeln.

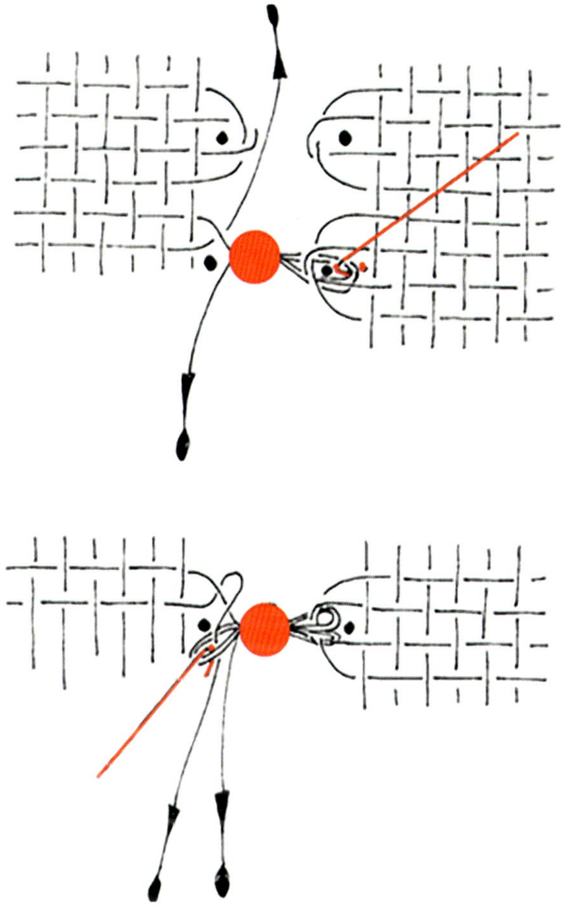

2. Perlen am bestehenden Band einhängen.

FADENVERLÄNGERUNG MIT WEBERKNOTEN

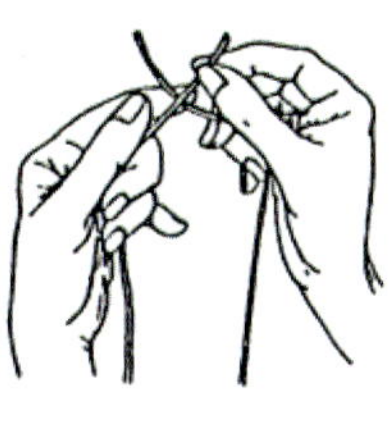

Abb. 1

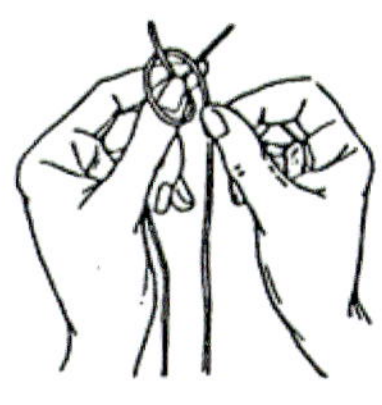

Abb. 2

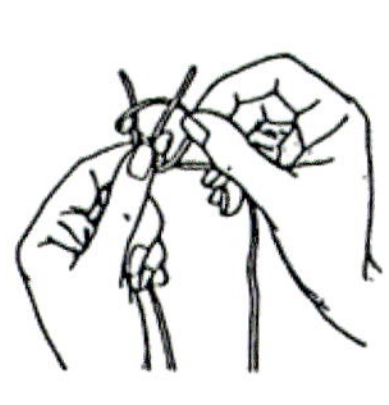

Abb. 3

GLOSSAR

Abschluss	*finish*	*fin(issage)*	*terminazione*
achteckig	*octogonal*	*octogonal*	*ottagonale*
Anfang	*beginning*	*début*	*principio, inizio*
Anhang	*appendix*	*appendice*	*appendice*
Anzahl	*number*	*nombre*	*numero*
Arbeitsweise	*working method*	*méthode de travail*	*modo di lavorare*
Armband	*bracelet*	*bracelet*	*braccialetto*
Ausführung	*execution*	*exécution*	*costruzione*
Außenrand	*outer edge*	*bord extérieur*	*parte esteriore*
Baumwolle	*cotton*	*coton*	*cotone*
Beginn	*beginning*	*début*	*principio, inizio*
benötigtes Material	*equipment*	*matériel*	*occorente*
Blatt	*leaf*	*feuille*	*foglia*
blau	*blue*	*bleu*	*azzuro*
Blume	*flower*	*fleur*	*fiore*
Blütenblatt	*petal*	*pétale*	*petalo*
Bogen	*scallop*	*feston*	*festone*
Börtchen	*edging*	*volant*	*orlo*
Breite	*width*	*largeur*	*larghezza*
Deckchen	*doily*	*napperon*	*centrino*
Details	*details*	*détails*	*dettagli*
doppelt	*twice*	*deux fois*	*due volte*
drehen (dr)	*twist*	*tordre*	*girare*
dunkel	*dark*	*foncé*	*scuro*
Ecke	*corner*	*coin*	*angolo*
einhäkeln	*crochet in*	*accrocher*	*agganciare*
einhängen von Paaren	*add in, bring in bobbin pair*	*ajout de fuseaux*	*aggiunta di coppie*
Ende	*end*	*fin*	*fine*
erste	*first*	*premier*	*primo*
Faden	*thread*	*fil*	*filo*
Fadenstärke	*thickness of the thread*	*épaisseur du fil*	*grossezza del filo*
falscher Flechter	*false plait*	*fausse tresse*	*treccia falsa*
Farbe nach Wahl	*colour of your choice*	*couleur au choix*	*colore a scelta*
fixieren	*fix*	*fixer*	*fissare*
Flechter	*plait, braid, bar*	*tresse,natte*	*treccia*
Füllung	*filling*	*remplissage*	*ripieno*
Ganzschlag	*cloth stitch and twist*	*passée tordue*	*passata intera*
Garn	*yarn*	*fil*	*filo*
gelb	*yellow*	*jaune*	*giallo*
Gold	*gold*	*or*	*oro*

grün	*green*	*vert*	*verde*
Häkelnadel	*crochet hook*	*crochet*	*uncinetto*
Halbschlag	*half stitch*	*point grille, demi-passée*	*mezza passata*
hell	*light*	*clair*	*luminoso*
Herz	*heart*	*coeur*	*cuore*
Innenrand	*inside edge*	*bord intérieur*	*parte interiore*
Innenring	*inner ring*	*cercle intérieur*	*anello interno*
Kästchenstich	*four-sided stitch*	*point quadrillé*	*punto quadrato*
Kettenstich	*chain stitch*	*point de chaînette*	*punto a catenella*
Kleeblatt	*trefoil leaf*	*feuille de trèfle*	*foglia di trifoglio*
Klöppel	*bobbin*	*fuseau*	*fusello*
Klöppelbrief	*grid*	*patron*	*disegno schematico*
Klöppelkissen	*lace pillow*	*coussin, métier*	*cuscinetto,tombolo*
Klöppelpaar (KP)	*pair of bobbins*	*paire de fuseaux*	*coppia di fuselli*
Klöppelspitze	*bobbin lace*	*dentelle au fuseau*	*pizzo a fuselli*
Knopf	*button*	*bouton*	*bottoncino*
Knospe	*bud*	*bouton de fleur*	*bottone*
Knoten	*knot*	*noeud*	*nodo*
Konturfaden	*outline thread*	*bourdon, fil contour*	*filo di contorno*
kreuzen (kr)	*crossing*	*croiser*	*incrociare*
Laufpaar	*worker, weaver*	*meneur, voyageur*	*coppia di passata*
Laufpaarwechsel	*exchange of weavers*	*échange de voyageurs*	*cambio delle coppie di passata*
Leinen	*linen*	*lin*	*biancheria*
Leinenschlag	*linen stitch*	*point de toile, point entier*	*passata, punta tela*
letzte	*last*	*dernier*	*ultimo*
lila	*purple*	*violet, lila*	*viola, violetto*
links	*left*	*gauche*	*sinistra*
Löcherschlaggrund	*torchon ground*	*fond torchon*	*fondo di torchon*
meliert	*flecked*	*moucheté*	*puntinato*
mercerisiert	*mercerised*	*mercerisé*	*lucido*
Merkmale	*characteristics*	*caractéristiques*	*caratteristiche*
Mitte	*centre*	*centre, milieu*	*centro*
Motiv	*motif, design*	*motif*	*motivo*
Muster	*pattern*	*modèle, patron*	*modello*
Nadel	*needle*	*aiguille*	*ago*
Netzgrund	*half stitch closed part*	*grillé, mat grillé*	*fondo rete*
nochmals drehen	*extra twist*	*re-tordre*	*girare di nuovo*
oben	*(at the) top*	*en haut*	*di sopra*
orange	*orange*	*orange*	*arancio*
Perle	*pearl*	*perle*	*perla*
Picot (Öse)	*picot*	*picot*	*pippiolino*
Rand	*edge*	*lisière, bord*	*cimosa*

Ranke	*tendril*	*vrille*	*viticcio*
Rechteck	*rectangle*	*rectangle*	*rettangolo*
rechts	*right*	*à droite*	*destra*
Ring	*ring*	*anneau*	*anello*
RIsspaar	*passive/hanging pair*	*paire pendante*	*coppia di base*
Rollkissen	*roller pillow*	*coussin à rouleau*	*cuscinetto con rotolo*
rosa	*pink*	*rose*	*rosa*
rot	*red*	*rouge*	*rosso*
Schere	*scissors*	*ciseaux*	*forbici*
Schiffchenarbeit	*tatting*	*frivolité*	*occhi*
Schmetterling	*butterfly*	*papillon*	*farfalla*
schwarz	*black*	*noir*	*nero*
Seide	*silk*	*soie*	*seta*
Serviette	*napkin*	*serviette*	*tovagliuola*
Silber	*silver*	*argent*	*argento*
Sonnenblume	*sunflower*	*tournesol*	*girasole*
Spinne	*spider*	*araignée*	*ragno*
Spitze	*lace, point*	*dentelle,point*	*pizzo, punta*
Stärke	*thickness*	*épaisseur*	*grossezza*
Stecknadel	*pin*	*épingle*	*spillo*
Stern	*star*	*étoile*	*stella*
Stielstich	*stem stitch*	*point de tige*	*punto di stelo*
Stopfstich	*darning stitch*	*point de reprise*	*punto di rammendo*
technische Zeichnung (TZ)	*diagram*	*dessin technique*	*diagramma*
Tischdecke	*tablecloth*	*dessus de table*	*tavolina*
Torchon-Spitze	*torchon lace*	*dentelle torchon*	*pizzo torchon*
Tulpe	*tulip*	*tulipe*	*tulipano*
unten	*(at the) bottom*	*en bas*	*di sotto*
Untersatz	*coaster, saucer*	*soucoupe,sous-verre*	*piattino*
verbinden	*connect, join*	*joindre, relier*	*collegare*
Verbindung	*joint*	*raccord,jonction*	*unione,collegamento*
Verzierung	*ornament*	*ornement*	*adornamento*
weiß	*white*	*blanc*	*bianco*
Wickelstich	*cord stitch*	*point de cordonnet*	*punto di cordone*
wiederholen	*repeat*	*répéter*	*ripetere*
Wolle	*wool*	*laine*	*lana*
Zeichnung	*drawing*	*dessin*	*disegno*
zusätzliches Paar	*extra pair*	*paire supplémentaire*	*coppia addizionale*